रहीम रचनावली

रहीम रचनावली

सम्पादक

डॉ. सत्यप्रकाश मिश्र

लोकभारती प्रकाशन

लोकभारती प्रकाशन
पहली मंजिल, दरबारी बिल्डिंग, महात्मा गाँधी मार्ग
इलाहाबाद-211 001

वेबसाइट : www.lokbhartiprakashan.com
ईमेल : info@lokbhartiprakashan.com

शाखाएँ : 1-बी, नेताजी सुभाष मार्ग, दरियागंज
नयी दिल्ली-110 002
अशोक राजपथ, साइंस कॉलेज के सामने
पटना-800 006 (बिहार)
36-ए, शेक्सपियर सरणी
कोलकाता-700 017

मूल्य : ₹ 300

पंचम संस्करण : 2021

आस्था पेपर कन्वर्टर
प्रयागराज द्वारा मुद्रित

RAHIM RACHNAVALI
Edited by Dr. Satya Prakash Mishra

ISBN : 978-81-8031-980-8

डॉ० रघुवंश जी के लिए सादर

प्रस्तावना

रहीम की कविताएँ 'गाढ़े के साथी' के रूप में हिन्दी भाषी जनता के काम आती हैं। वह उन्हें पुष्टीकरण और आत्म सांत्वना के रूप में प्रयुक्त करता है। इस संकलन में उनकी प्राप्त रचनाओं का संकलन किया गया है। इस संकलन के तैयार करने में मायाशंकर याज्ञिक और ब्रजरत्नदास के संकलनों को अधिक प्रमाणित माना गया है। परवर्ती सभी संकलन इन्हीं पर आधारित हैं। कबि रिसालदार पंडित उमराव सिंह ने सबसे पहले शतक 'रहीम रत्नाकर' की भूमिका में लिखा है कि 'बड़े खेद का विषय है कि अब तक इनका कोई ग्रंथ (यदि छपा होता तो अवश्य देखने में आता) नहीं छपा मिलता, हमें एक पुराने खर्रे में कुछ दोहे मिले थे जिन्हें हमने 'रहीम शतक' नाम की पुस्तक में १८१६ ई० में छपा दिया था'। प्रारंभ में शतकों की ही परम्परा रही। सबसे पहले व्यवस्थित रूप से रहीम की रचनाओं का संकलन मायाशंकर याज्ञिक ने 'पुराने दोहा संग्रहों' और 'नगर शोभा' 'मदनाष्टक' और 'बरवै नायिका भेद' आदि की पाण्डुलिपियों के आधार पर 'रहीम रत्नावली' तैयार की। याज्ञिक ने स्वयं ही प्रामाणिकता पर संदेह व्यक्त किया है।

रहीम के दोहे भिन्न-भिन्न रूपों में अहमद, वृन्द, कबीर आदि संग्रहों में मिलते हैं। इनके दोहों का प्रभाव मतिराम की रचनाओं पर है। इससे यह तो प्रमाणित ही है कि मतिराम के समय तक रहीम 'जन मन गण अधिनायक' बन चुके थे। रामविलास जी ने उन्हें 'लोकजागरण के कवि' के अन्तर्गत रखा है। बरवै नायिका भेद की प्रति मिश्रबन्धुओं के संग्रह में भी थी परंतु वह भी बहुत प्राचीन नहीं है। 'खेट कौतुकम' वेंकटेश्वर प्रेस से प्रकाशित है। पं० नकछेद तिवारी ने 'बरवै नायिका भेद' को अलग से प्राचीन प्रति के आधार पर संपादित करके प्रकाशित कराया है। वस्तुत: ये सभी संकलन रहीम के नाम से परम्परा से प्राप्त हैं और किसी अन्य रचनाकार के नाम से प्राप्त नहीं हैं। रहीम को हिन्दी कवियों ने 'नवाब' से सम्बोधित किया है इसलिए 'नगर शोभा' के अंत में

'नवाब' शब्द बहुत आपत्ति का कारण नहीं बनता है। दोहों में व्यक्त भाव उनके जीवन के विविध प्रसंगों से साम्य रखते हैं। मेरे इस संकलन में 'हिन्दी साहित्य सम्मेलन संग्रहालय', 'हिन्दुस्तानी एकादमी' और इलाहाबाद विश्वविद्यालय पुस्तकालय का विशेष योगदान है। आशा है पुस्तक उपादेय सिद्ध होगी।

—सत्यप्रकाश मिश्र

अनुक्रम

रहीम रचनावली

●●●

रहीम और उनका अनुभव संदर्भ

प्रारंभिक समय

अब्दुल रहीम 'खानखाना' का जन्म १७ दिसम्बर १५५६ ई० को लाहौर में उस समय हुआ अब उनके पिता पानीपत की दूसरी लड़ाई में हेमू को परास्त करके 'बाबर के साम्राज्य की पुनर्स्थापना' कर रहे थे। रहीम के पिता बैरम खाँ या बयराम खाँ कराकूयल वर्ग की बहारलू शाखा के प्रसिद्ध अमीर अलीशुकर बेग के वंशजों में थे और माता जमाल खाँ मेवाती की दूसरी बिटिया थीं। ब्लाकमैन ने अबुल फजल के आधार पर आइन-ए-अकबरी भाग-१ में लिखा है कि यह लड़ाकू वंश प्रारंभ में जुझुत्रा यानी जुझारू जाति के राजपूत थे जिन्होंने इस्लाम धर्म स्वीकार कर लिया था। बैरम खाँ के वंश में खानदानी परम्परा से कविता करना एक गुण समझा जाता था। बाबर की सेवा में दाखिल होकर बैरम खाँ अपनी स्वामिभक्ति और वीरता से हुमायूं का विश्वास-पात्र बन गया था। हुमायूं की मृत्यु के बाद १४ वर्षीय शहजादे अकबर का राज्याभिषेक करके स्वयं उसका संरक्षक बनकर मुगल साम्राज्य को रहीम के पिता ने स्थापित किया था। परन्तु तर्दी खान के प्राणदंड, दरबारियों की ईर्ष्या, अकबर की माता हमीदाबानू और धाय माहम अनगा की दुरभि सन्धि तथा बाबर की बेटी गुलरुख बेगम की लड़की सईदा बेगम से विवाह और अमीरों के सामने अकबर के रूप में उपस्थित विकल्प ने बैरम खाँ को १५६० ई० में अकबर के पूर्ण सत्ता ग्रहण करने से धीरे-धीरे विद्रोही बना दिया। अन्ततः हारकर अकबर द्वारा हज के लिए भेजे जाने पर वह गुजरात में पाटन के प्रसिद्ध सहस्रालिङ्ग तालाब में नौका विहार या स्नान करके जैसे ही निकले कि धोखे से मुबारक लोहानी नामक पठान ने पीछे से पीठ में छुरा भोंक कर मार डाला। 'मआसिर उल उमरा' संपादक डॉ० बेनीप्रसाद और आइन-ए-अकबरी भाग १ ब्लाकमैन के अनुसार कुछ भिखारियों ने लाश को उठाया, फकीर हुसामुद्दीन के मकबरे में ले गये और वहीं दफनाया। 'मआसरे रहीमी' में मृत्यु का कारण शेर-

शाह के पुत्र सलीम शाह की कश्मीरी बीबी से पैदा हुई लड़की को माना गया है, जो हज के लिए बैरम खाँ के साथ जा रही थी जिसकी शादी बैरम रहीम से करना चाहते थे। अफगानों को यह अपना अपमान लगा और उन्होंने आक्रमण कर दिया। डॉ० समर बहादुर सिंह ने इस सम्बन्ध में सही लिखा है कि बैरम खाँ द्वारा यह संभव नहीं लगता है क्योंकि ऐसा होने पर तो रहीम के लिए भी खतरा बढ़ जाता है। उस युग में पूर्ववर्ती शासक वंश के उत्तराधिकारियों को प्रायः समाप्त कर दिया जाता था। ब्लाकमैन ने भी इसका उल्लेख किया है परन्तु विश्वसनीयता के बारे में कोई सवाल नहीं उठाया है। अफगान मुबारक लोहानी मारकर ही नहीं रुक गया बल्कि डेरे पर आक्रमण करके लूटपाट करने लगा जिससे बच्चे रहीम की जान बचाने के निमित्त विश्वस्त और स्वामिभक्त बाबा जम्बूर और मुहम्मद अमीन दीवाना किसी तरह से लूटपाट और कत्ल से बचकर रास्ते में अफगान लुटेरों से बचते हुए अहमदाबाद पहुँचे। ४ महीने वहाँ बिताकर मुहम्मद अमीन दीवाना अन्य घरेलू नौकरों के साथ, यह मानकर कि राज्य संरक्षण के अतिरिक्त अन्य कोई विकल्प नहीं है—आगरा की ओर चल पड़े। अकबर को भी जब अपने संरक्षक की क्रूर हत्या का समाचार मिला तो उसने भी ४ वर्ष के बच्चे रहीम और परिवार की रक्षा के लिए कुछ लोगों को इस आदेश के साथ कि वे उन्हें दरबार में लिवा लाएँ—अहमदाबाद भेजा। बादशाह का यह आदेश उन्हें जालौर में मिला जिससे कुछ आशा उत्पन्न हुई तथा यात्रा में उत्साह आ गया। 'मआसिर-उल-उमरा' और ब्लांकमैन आइन-ए-अकबरी के अनुसार रहीम और उसकी माता तथा परिवार के अन्य सदस्य १५६२ ई० में दरबार में पहुँचे जबकि अन्य लोगों के अनुसार सितम्बर १५६१ ई० में आगरा में दरबार में पहुँचे। अकबर ने बैरम खाँ के शत्रु दरबारियों के विरोध के बावजूद बालक को होनहार समझकर उसके पालन-पोषण का दायित्व ग्रहण किया तथा सलीमा बेगम से शादी कर ली। सम्राट ने रहीम की शिक्षा और लालन-पालन की राजकुमारों की तरह ही व्यवस्था की, जिससे दस बारह वर्ष की आयु में ही रहीम का व्यक्तित्व आकार ग्रहण करने लगा। अकबर ने राजकुमारों को प्रदान की जाने वाली उपाधि मिर्जा खाँ से रहीम को सम्बोधित करना प्रारम्भ किया।

मिर्जा खाँ रहीम की प्रारम्भिक शिक्षा के विषय में मआसरे रहीमी के अतिरिक्त विशेष जानकारी नहीं मिलती है। अबुल फजल ने इनके बचपन के विषय में यह अवश्य लिखा है कि 'बादशाह इस बालक से बहुत अधिक प्रभावित

था और उसे अधिकांश समय अपनी सेवा में रखता था। उसे कई ऐसे उत्तर-दायित्वपूर्ण कार्य सौंपे जाते थे जो किसी नौसिखिए को नहीं दिये जा सकते थे परन्तु इन सभी में मिर्जा खाँ अपनी योग्यता द्वारा सफल निकलता था।' मआसरे रहीमी के अनुसार अकबर ने मुल्ला मुहम्मद अमीन को रहीम का शिक्षक नियुक्त किया था। उन दिनों के शिक्षा के पाठ्यक्रम के आधार पर यह कहा जा सकता है कि रहीम ने अरबी, फारसी, तुर्की, छन्द रचना, कविता करना, गणित, तर्कशास्त्र और फारसी व्याकरण का इनसे ज्ञान प्राप्त किया होगा। संस्कृत का ज्ञान भी संभवतः उन्हें अकबर की शिक्षा व्यवस्था से ही मिला। काव्य रचना, दानशीलता, राज्य संचालन वीरता और दूरदर्शिता आदि गुण उन्हें अपने माता-पिता से संस्कार में प्राप्त हुए थे। उसके पिता बैरम खाँ बदायूनी के अनुसार 'बुद्धिमत्ता, उदारता, स्वामिभक्ति, सुशीलता और नम्रता में अपने समय के अद्वितीय व्यक्ति थे उसकी उपस्थिति वास्तव में उस युग के लिए एक गर्व की वस्तु थी।' (दे० बैरम खाँ—मध्यकालीन इतिहास भाग १) सईदा बेगम जो उसकी दूसरी माता थीं भी कविता करती थीं। शिया और सुन्नी के द्वन्द्व से वह शुरू से मुक्त थे। पिता तुर्कमान शिया थे और माता सुन्नी। चार साल की आयु से ही अकबर जैसे उदार विचारों वालों व्यक्ति का उन्हें संरक्षण प्राप्त था, इन सबने मिलकर रहीम में स्वतः विकास की शक्ति दी। समझदार होने पर वह यह जान गये कि उन्हें अपना विकास अपने परिश्रम, सूझबूझ और तलवार यानी शौर्य से करना है। उस युग में तलवार का शौर्य स्वामिभक्ति और स्वामी की कृपा दास को स्वामी बना सकती थी। रहीम को अकबर का न केवल संरक्षण बल्कि स्नेह भी प्राप्त था। रहीम भी उनके आदेशों की पूर्ति के लिए कुछ उठा नहीं रखते थे। इसलिए विकास का मार्ग खुल गया।

जहाँ तक हिन्दी भाषा और संस्कृत का प्रश्न है यह कहा जा सकता है कि रहीम ने इसे दरबार के वातावरण से ही सीखा होगा। जैसा कि प्रोफेसर हबीब ने लिखा है कि राजकाज की भाषा के अतिरिक्त हिन्दी उस समय आम भाषा थी (दे० मध्यकालीन भारत में लेख दिल्ली के हजरत अमीर खुसरो)। अकबर के शासन काल में तो यह निश्चय ही द्वितीय भाषा थी। हिन्दुओं से सम्बन्ध और बाजार आदि का व्यवहार इस भाषा की स्वाभाविक आवश्यकता को सिद्ध करता है और फिर बादशाह द्वारा इस भाषा का व्यवहार तथा दरबारों में हिन्दी कवियों की उपस्थिति ने भी रहीम को इसमें कविता लिखने को बाध्य किया होगा। उस युग में बहुभाषाज्ञान विदग्धता का गुण था। अकबर ने उनसे अंग्रेजी

और फ्रेंच का भी ज्ञान प्राप्त करने को कहा था। अकबर के दरबार में संस्कृत के कई विद्वान थे बदाऊनी स्वयं उनमें से एक था अबुल फजल ने आइन-ए-अकबरी में इन विद्वानों की लम्बी सूची प्रस्तुत की है।

मिर्जा खाँ की कार्यकुशलता, लगन और योग्यता देखकर अकबर ने रहीम को शासक वंश से सीधे सम्बद्ध करने का निश्चय किया क्योंकि इसी से रहीम के शत्रुओं का मुँह भी बन्द किया जा सकता था और अन्तःपुर की राजनीति से बचाया जा सकता था। इसलिए अकबर ने अपनी धाय माहम अनगा की बिटिया और खानेजहाँ अजीज कोका की बहन माहबानू से निकाह करा दिया। राजनैतिक विवाह सम्बन्धों का मुगलों की राजनीति से पूर्व भी भारत में विशेष महत्त्व रहा है। वाकाटक गुप्त संम्बन्ध तथा चन्द्रगुप्त ग्रीक सम्बन्ध इसके प्रमाण हैं। माहबानू से रहीम के तीन पुत्र और दो पुत्रियाँ पैदा हुईं। पुत्रों का नाम इरीज, दाराब और करन अकबर का ही दिया हुआ है। पुत्री जाना बेगम का विवाह शाहजादा दानियाल से १५९९ ई० में हुआ और दूसरी बिटिया की शादी मीर अमीनुद्दीन से हुई। रहीम को सौधा जाति की एक लड़की से रहमानदाद पुत्र भी हुआ और एक दासी से मिर्जा अमरुल्ला थे। एक पुत्र हैदर कुली हैदरी बचपन में ही मर गया था।

उत्कर्ष काल

मिर्जा खाँ रहीम के भाग्य का उत्कर्ष काल १५७३ ई० से प्रारम्भ होता है और अकबर के समय (१६०५ ई०) तक चलता है। यद्यपि इस बीच बादशाह एक बार रहीम से नाराज भी हुआ परन्तु वह अधिक दिन तक नाराज नहीं रह सका। १५७२ ई० में अकबर जब पहली बार गुजरात विजय के लिये गये तो १६ वर्षीय मिर्जा खाँ उनके साथ ही थे। खान आजम को गुजरात का सूबेदार नियुक्त करके विजयोपरान्त बादशाह अकबर लौट आये। परन्तु उसके लौटते ही गुजराती खान आजम को परेशान करने लगे। उसे नगर में चारों ओर से घेर लिया गया। यह सुनकर अकबर १५७३ ई० में अत्यन्त द्रुतगति से बिना रुके, ११ दिनों में ही साबरमती नदी के किनारे पहुँच गया। अकबर के नेतृत्व में मिर्जा खाँ रहीम को मध्य कमान का नेतृत्व सौंपा गया और नौजवान मिर्जा बहुत बहादुरी से लड़ा, शत्रु पराजित हुए। मिर्जा खाँ का यह प्रथम युद्ध था और महत्वपूर्ण सैनिक नियुक्ति थी। वह अकबर के साथ ही लौट आये। गुजरात की स्थिति में अपेक्षित सुधार न होने पर और खाने आजम के निवेदन

करने पर मिर्जा खाँ को ४००० का मनसब प्रदान करके—वजीर खाँ, मीर अलाउद्दौला और प्रयागदास जैसे अनुभवी अमीरों के साथ गुजरात का सूबेदार बनाकर भेजा गया परन्तु थोड़े ही दिनों बाद सितम्बर १५७६ ई० में ही बादशाह द्वारा वापस बुला लिया गया। कुछ समय बाद मिर्जा खाँ को राणाप्रताप के बिरुद्ध जो उन दिनों दक्षिण पहाड़ियों के दुर्गम जंगल में थे, राजा भगवानदास और मानसिंह के साथ भेजा गया आंशिक सफलता के बाद भी जब राणा प्रताप अविजित ही रहे तो शाहबाज खाँ के नेतृत्व में पुनः सेना भेजी गयी इसमें भी मिर्जा खाँ रहीम शामिल थे जिसने ४ अप्रैल १५७८ ई० को कोमल सेर की पहाड़ियों पर आक्रमण किया। अभी तक रहीम अपने समय के प्रसिद्ध सेनानायकों के नेतृत्व में युद्ध का अनुभव प्राप्त कर रहे थे। युद्ध और शासन के इस अनुभव से १५८० ई० तक २४ वर्ष के अत्यन्त सुन्दर और भव्य व्यक्तित्व वाले मिर्जा रहीम को अपनी नियति का विश्वास हो गया और अपेक्षित परिपक्वता भी आ गयी थी।

मिर्जा खाँ रहीम को जिम्मेदारी का पहला स्वतन्त्र पद १५८० ई० में प्राप्त हुआ जब वह अकबर द्वारा 'मीर अर्ज़' के पद पर प्रतिष्ठित किए गए। इनके पहले यह पद प्रति व्यक्ति प्रतिदिन के क्रम से साप्ताहिक था और विश्वसनीय व्यक्तियों से ही इस पद का कार्य लिया जाता था। परन्तु रहीम अभी निजी सचिव के इस पद को संभाल ही रहे थे कि बाहशाह द्वारा उन्हें इस पद से मुक्त करके अजमेर में अचलसिंह कछवाह के विद्रोह को दबाने के लिए, जिसने दस्तम खाँ को मार डाला था, रणथम्भौर की जागीर प्रदान करके भेज दिया गया। रहीम को वहाँ विद्रोह दबाने में सफलता प्राप्त हुई। वह वहाँ अभी एक साल रह ही चुके थे कि बादशाह ने राज्य के सबसे महत्वपूर्ण और गम्भीर पद के लिए उन्हें बुला लिया। १५८३ ई० में इन्हें राजकुमार सलीम का अतालीक (शिक्षक) बना दिया गया। रहीम को इस नियुक्ति से इतनी प्रसन्नता हुई कि उसने एक प्रीतिभोज का आयोजन किया, जिसमें बादशाह स्वयं उपस्थित हुआ और उसने मिर्जा खाँ तथा उनकी पत्नी माहबानू को उपहारों से सम्मानित भी किया। रहीम ने भारत के भावी बादशाह के शिक्षक पद को गम्भीरता से निबाहा होगा ऐसा जहाँगीर की आत्मकथा से पता चलता है। इस दायित्व के साथ ही साथ उन्हें अतावेगी का दायित्व भी सौंपा गया जिसका सम्बन्ध शाही अस्तबल के घोड़ों की देख-रेख और व्यवस्था से था। रहीम के पिता बैरम खाँ भी अकबर

के 'अतालीक' नियुक्त हुए थे और होते ही सिकन्दर शाह के खिलाफ अकबर के साथ युद्ध में भेजे गये थे।

रहीम अभी इस दायित्व का निर्वाह कर ही रहे थे कि समाचार मिला कि आगरा किले से भागे हुए कैदी मुजफ्फर खाँ ने काठियों आदि के साथ मिलकर पुनः सेना एकत्र करनी प्रारम्भ कर दी। बैरम खाँ का शत्रु शहाबुद्दीन जो उस समय वहाँ का सूबेदार था अकबर के आदेशों का पालन नहीं कर रहा था अकबर को शक था कि वह विश्वासघात कर रहा है।

मुजफ्फर खाँ मुगलों के इस वैमनस्य का फायदा उठाना भी जानता था अतः उसने पहले एतमाद खाँ पर और बाद में दोनों की संयुक्त सेना को हराकर ४ अप्रैल १५८३ ई० को अहमदाबाद पर अधिकार कर लिया। १५८० ई० से १५८३ ई० का समय अकबर के शासन काल का कठिन समय था। दरबार के अमीर उसके खिलाफ षड्यन्त्र कर रहे थे और दक्षिण में स्थिति विपरीत थी। ऐसे समय में अकबर ने मिर्जा खाँ को गुजरात की सूबेदारी देकर शत्रु को परास्त करने के लिए भेजा। मुजफ्फर खाँ ने अहमदाबाद के विजय से प्राप्त खजाने से ४०००० सेना खड़ी कर ली थी। बादशाह ने २२ सितम्बर १५८३ ई० को फतेहपुर सीकरी से राजपूत और बड़ा के सैयदों तथा पठान सैनिकों को रहीम के साथ करके विदा दी। मिर्जा खाँ इन बहादुर सैनिकों के साथ द्रुतगति से आगे बढ़ता हुआ मिरथा पहुँचा जहाँ उसे पाटन के विश्वस्त अधिकारियों द्वारा भेजे हुए ताहिर से मुजफ्फर खाँ द्वारा कुनुबुद्दीन की हत्या और भड़ौच के अधिकार का समाचार मिला। उसने अपने निकटतम लोगों से भी यह सूचना छिपाई और तेजी से आगे बढ़ता हुआ सिरोही जा पहुँचा जहाँ 'तबकाते बाबरी' के लेखक प्रसिद्ध इतिहासकार निजामुद्दीन उनकी अगवानी में खड़े थे। उनसे उन्हें नवीनतम स्थिति का पता चला। ३१ दिसम्बर को वह पाटन पहुँचा वहाँ एक दिन रुककर उसने मुगल अधिकारियों की गोष्ठी में विचार-विमर्श किया। लोगों ने मालवा के सेना की प्रतीक्षा की सलाह दी परन्तु अपने विश्वस्त व्यक्ति और मीर मुंशी दौलत खाँ लोदी की इस सलाह पर कि यही अवसर है कि वह आक्रमण करके 'खानखानान' के उपाधि की अपनी उपयुक्तता सिद्ध करे क्योंकि यह उपाधि उसके पिता को भी मिली थी, वह आक्रमण के लिए चल पड़ा। १२ जनवरी १५८४ ई० को साबरमती नदी के बाएँ किनारे पर पहुँचकर डेरा डाल दिया। नदी के उस पार मुजफ्फर खाँ की सेना का पड़ाव था। उसके पास

४०००० सेना थी जबकि रहीम के पास कुल १०००० सैनिक थे। ऐसी स्थिति में नदी पार करना खतरनाक था।

इस विषम परिस्थिति का सामना रहीम ने जिस मनोवैज्ञानिक सामरिक पद्धति से किया वह युद्ध विज्ञान के क्षेत्र में महत्वपूर्ण मानी जाती है। रहीम ने अपने पदाधिकारियों को एक पत्र पढ़कर सुनाया कि बादशाह एक विशाल सेना के साथ स्वयं आ रहे हैं और उनके आने तक आक्रमण न किया जाय। इससे अमीरों का मनोमालिन्य स्थगित हो गया और वे सेनापति के आदेशों का पालन करने में लग गए। दूसरे आक्रमण करने की जिस जल्दबाजी का खतरा था वह दूर हो गया। शत्रु पक्ष को जब अपने जासूसों से यह पता चला कि बादशाह स्वयं आ रहा है तो मुजफ्फर खाँ ने खुद ही नदी पार करके आक्रमण कर दिया इससे जिस सामरिक दुष्चक्र से रहीम घबड़ा रहे थे उसमें वह स्वयं फँस गया। मिर्जा खाँ ने जो रणनीति बनायी थी उसमें वह अपने ३०० चुने हुए वीरों और १०० विशालकाय हाथियों के साथ सेना के मध्य में था। राय दुर्ग सिसोदिया और इतिहासकार निजामुद्दीन को मुजफ्फर खाँ की रणनीति को असफल बनाने के लिए आगे भेज दिया गया था। मुगल सेना ने अहमदाबाद से छः मील दक्षिण-पश्चिम स्थित सरखेज ग्राम के निकट अपना डेरा डाला। मुजफ्फर खाँ ने नदी पार करके पहले तो इन्तजार किया लेकिन अन्ततः उसने १६ जनवरी को मुगलों पर आक्रमण कर दिया। सरखेज के इस युद्ध में राजपूतों और सैयदों ने जो वीरतापूर्वक युद्ध किया वह गुत्थमगुत्था स्थिति का था। चारों ओर मृत्यु का ताण्डव था। मुजफ्फर खाँ ने दोनों पक्षों को गुत्थम गुत्थम देखा तो सात हजार सैनिकों के साथ मध्यभाग की ओर बढ़ा। मुगल सैनिक विशाल सेना को मध्य भाग की ओर आता देख भागने को सोचने लगे। वे मिर्जा खाँ के घोड़े की लगाम पकड़कर युद्ध स्थल से भागने का प्रयत्न करने लगे। मिर्जा खाँ वीर योद्धा और संकल्पबद्ध सेनापति था। उसने शुभचिन्तकों के हाथ से लगाम छुड़ाई और गजराजों को आगे करके सेना को बढ़ाया। गजराजों द्वारा कुचले जाने से त्राहि-त्राहि मच गयी जब तक वे संभले तब तक निजामुद्दीन ने पीछे से और राय दुर्ग सिसोदिया ने बायीं तरफ से आक्रमण कर दिया। शत्रुओं ने समझा कि एक ओर से अकबर ने दूसरी ओर से मालवा की सेना ने आक्रमण कर दिया। इस घबड़ाहट में वे मैदान छोड़कर भागने लगे। सहयोगियों द्वारा परित्यक्त मुजफ्फर खाँ भाग गया। विजयी सेना ने अहमदाबाद पर कब्जा कर लिया। बदायूँनी ने लिखा है कि प्रायः रातभर शत्रु पक्ष की हत्या होती रही।

विपरीत परिस्थितियों में अपनी समरनीति और वैज्ञानिक कार्यनीति से मिर्जा खाँ रहीम ने अपनी वीरता की धाक जमा दी तथा अपने शत्रुओं का मुँह भी बन्द कर दिया।

मिर्जा खाँ ने मुजफ्फर खाँ के संकट को सदा के लिए समाप्त करना उचित समझा और वह भी हार माननेवाला था नहीं। १४ मार्च १५८४ ई० को नादौत के युद्ध में मुजफ्फर खाँ पुनः पराजित हुआ। इन दो युद्धों में विजय के लिए अकबर ने ५००० की मनसबदारी प्रदान की तथा 'खानखानान' की सर्वोच्च उपाधि प्रदान की जिसे हुमायूँ ने उसके पिता को दी थी। खानखाना काठियावाड़ में था कि उसे यह सूचना मिली कि परंहिज के युद्ध में अहमदाबाद के विजय की अन्तिम कोशिश में वह पराजित हुआ। इन विजयों के बाद मिर्जा खाँ ने अपना अधिकांश समय अराजक स्थितियों के दमन और शासन प्रबन्ध में बिताया। मुगल सूबेदार रहीम ने राज्य में शान्ति और व्यवस्था कायम की। लोगों की आर्थिक दशा में कुछ सुधार होने लगा। इसी बीच अकबर का आदेश मिला कि शान्ति स्थापित होते ही फतेहपुर सीकरी आकर दरबार में उपस्थित हो। मिर्जा खाँ बहुन से अनूठे गुजराती उपहारों के साथ १५८५ ई० में फतेहपुर सीकरी में दरबार में उपस्थित हुआ। दरबार में थोड़े ही दिन रह पाया था कि पंजाब जाते हुए अकबर ने अशान्त मुजफ्फर खाँ, जिसने खानखाना के आने के बाद गतिविधियाँ तेज कर दी थीं, को दबाने तथा गुजरात का कार्यभार संभालने के लिए भेज दिया। रहीम खानखाना ने 'सराय आबाद' में बादशाह से विदा ली। रास्ते में पड़ने वाले सिरोही और जालौर, जो स्वतन्त्र राज्य थे, को उसने मुगल अधीनता स्वीकार करने पर विवश किया। इस बार खानखाना का कार्यकाल शान्तिपूर्ण था। प्रशासनिक व्यवस्था से वह दक्षिण में प्रशंसा का पात्र बन गया। इसी समय अकबर लाहौर में बदख्शां पर आक्रमण की योजना बना रहा था खानखाना ने इस अभियान में शामिल किये जाने की प्रार्थना की और वह स्वीकृत हुई। बादशाह का आदेश मिलते ही वह १६ मार्च १५८७ ई० को दरबार में उपस्थित हुआ।

अगस्त १५८७ ई० से ४ जनवरी १५९० ई० तक कार्यकाल रहीम के जीवन का महत्वपूर्ण काल है। इस काल में उन्हें उपाधियाँ, सम्मान, महत्वपूर्ण पद और जागीरें ही नहीं प्राप्त हुईं बल्कि उसे यह अवसर भी मिला कि वह कुछ रचनात्मक कार्य कर सके। सरखेज और नादौत की विजयों से मिली ख्याति और 'खानखानान' की उपाधि से वैसे भी वह अमीरों में सर्वोच्च पद को प्राप्त

कर चुका था। बदख्शां की योजना के स्थगन के बाद खानखाना ३ वर्ष तक दरबार में ही रहा। १५८८ ई० में शहबाज खाँ और टोडरमल के झगड़े के जाँच आयोग का अध्यक्ष बना दिया गया और यह निर्णय बादशाह के सामने प्रस्तुत किया कि दोनों ही दोषी थे। १५८९ ई० में बादशाह जब सपरिवार कश्मीर और काबुल घाटी की यात्रा पर गया तो खानखाना भी साथ था। अवकाश के इन दिनों में रहीम बाबर की आत्मकथा 'तुजके बाबरी' का तुर्की से फारसी में अनुवाद करते रहे और २४ नवम्बर १५८९ ई० को जब बादशाह यात्रा से लौट रहे थे मार्ग में ही उन्होंने यह अनुवाद उन्हें भेंट किया। रास्ते में ही अकबर ने राजा टोडरमल की मृत्यु से रिक्त साम्राज्य के वकील (उप-प्रधान) के पद पर उन्हें अधिष्ठित किया। खानखाना के पिता बैरम खाँ भी साम्राज्य के वकील थे। इस पद के अधिकार कुछ कम हो गए थे, फिर भी बादशाह और शाहजादों के अधिकारों के बाद यही सर्वोच्च पद था। गुजरात की जागीर के स्थान पर उसे जौनपुर का सूबा जागीर के रूप में प्रदान किया गया। अवकाश के इन दिनों में रहीम को दरबार में आने वाले कवियों आदि को मुक्त हस्त से दान देना पड़ा इसके अतिरिक्त भी साम्राज्य के सर्वश्रेष्ठ अमीर के खर्चे अधिक थे। प्रतिष्ठा, कुल की मर्यादा और आनबान के अनुसार खर्च करना पड़ता था। अतः रहीम की आर्थिक स्थिति भी गिरने लगी थी अबुल फजल को लिखे पत्रों से ऐसा पता भी चलता है। दरबार में रहते हुए भावी हालात का सुधरना संभव नहीं था।

तूयूल के रूप में प्राप्त जौनपुर में खानखाना मुश्किल से एक साल रहे होंगे की सम्राट ने विशाल सेना के साथ कंधार विजय के लिए भेज दिया और खर्च आदि के लिए मुलतान और भक्कर को जागीर के रूप में प्रदान किया। इतिहासकारों के अनुसार इस दायित्व का उल्लेख केवल अबुल फजल ने अकबरनामा में किया है। 'मआसिर उल उमरा' में इस दायित्व का उल्लेख अकबरनामा के ही आधार पर हो सकता है। ब्लाकमैन ने अपनी टिप्पणी में मआसिर उल उमरा को ही आधार ग्रंथ बनाया है। ४ जनवरी १५९० को खानखाना ने लाहौर से कन्धार के लिए प्रस्थान किया। रास्ते में ही उसने बलूचियों को परास्त करने का निर्णय लिया। परन्तु उसकी विशाल सेना को आता हुआ समझकर बलूचियों ने साम्राज्य की अधीनता स्वीकार कर ली। खानखाना ने कंधार जीतने के पहले ही सिन्ध के शासक जानी बेग, जो कि मुजफ्फर खां से अधिक चालाक, वीर और सामरिक दृष्टि से सुविधा में था को परास्त करना आवश्यक समझा।

सम्राट ने भी इसकी स्वीकृति दे दी। डॉ० समर बहादुर सिंह का अनुमान है कि रहीम उपजाऊ और सम्पन्न प्रान्त पर अधिकार करके अपनी तथा अपने सैनिकों की आवश्यकता पूरी करना चाहता था। अभी खानखाना मुल्तान से कुछ मील पहले ही था कि विलोची सरदारों ने सामूहिक रूप से खानखाना की सेवा में उपस्थित होकर अकबर के प्रति स्वामिभक्ति प्रदर्शित की और सिन्ध की विजय मे सहयोग का आश्वासन भी दिया। चालाक जानी वेग के दूतों को मिर्जा खाँ ने गिरफ्तार कर लिया और सेना को आगे बढ़ाया। सेहवान के किले को प्राप्त करके सेना ने 'लाकी दर्रे' पर कब्जा कर लिया जो उन दिनों देश (सिन्ध) का द्वार समझा जाता था। इसका वही सामरिक महत्त्व था जो शमसुद्दौला शाहनवाज खान के अनुसार बंगाल के लिए डढ़ी और कश्मीर के लिए बारामूला की पहाड़ियों का। मिर्जा जानी को जब यह पता चला तो उसने खुसरो के नेतृत्व में १२० सशस्त्र नावों, जिनमें धनुर्धर सैनिक, बन्दूक चलाने वालों एवं तोपों से सज्जित दो सौ युद्ध पोतों को जलमार्ग से तथा दो टुकड़ियों को नदी के दोनों किनारों से भेजा। खानखाना ने जिस किले के पास घेर डाला था वह नदी से काफी ऊँचाई पर ढलुआ बलुई जमीन पर था जिससे नदी से निकलकर आक्रमण करना कठिन था। ३१ अक्टूबर १५९१ ई० को शत्रु दल धारा के विपरीत आगे बढ़ता दिखायी पड़ा फलतः युद्ध अनिवार्य था। २४ घंटे भयानक युद्ध हुआ तब जाकर कहीं खुसरो हारकर भागा। मुगलों को बहुत सामग्री तथा युद्ध-पोत मिले। ये युद्ध-पोत विदेशी विशेषज्ञों द्वारा संचालित तथा मुगल पोतों से विकसित थे। मिर्जा जानी इससे हतोत्साहित नहीं हुआ और 'बुहरी गाँव' के निकट डेरा डाले पड़ा रहा क्योंकि यह स्थल पहाड़ियों और गहरे नालों से घिरा हुआ काफी सुरक्षित था। खानखाना ने जब इस पर अपनी योजना के अनुसार आक्रमण किया तो काफी कठिनाई हुई। २ माह घेरा डालने की कोशिश के बाद भी सफलता न मिली। जानी बेग के सैनिक छापामार युद्ध द्वारा मुगलों को किले से निकल कर परेशान करते थे, खाद्य सामग्री लूट लेते थे। रोटी का अभाव हो गया। खानखाना ने बादशाह से सहायता माँगी। सम्राट ने रायसिंह के साथ ढाई लाख रुपया, एक मन अनाज और तोपों से सजी कुछ नौकाएँ भेजी भीं परन्तु इससे कठिनाई हल नहीं हुई तो उसने मिर्जा जानी के रसद आपूर्ति के स्रोतों पर अधिकार करना आवश्यक समझा। उसने यह भी निश्चय किया कि शत्रु से मैदान में ही लड़ना उचित होगा क्योंकि उसके पास यथेष्ट सेना थी। उसने घेरा उठा लिया और रसद मार्ग

के विभिन्न स्रोतों को पाँच दस्तों की सहायता से बन्द कर दिया। इससे उसके सैनिकों को लूट में यथेष्ट सामग्री मिली और शाही सेना को खाद्य सामग्री की पूर्ति संभव हो गई। खानखाना की युद्ध नीति सफल रही। जानी बेग सेहवान के दुर्ग की रक्षा के लिए अपने बलुए किले से बाहर निकला और सेहवान की ओर बढ़ा। खानखाना ने उसका बुहरी का बलुआ किला ध्वस्त कर दिया। अपने वकील दौलत खाँ लोदी के नेतृत्व में उसने २००० सैनिकों की टुकड़ी भेजी और स्वयं भी पीछे-पीछे चला। परन्तु उसके पहुँचने के पहले ही सेहवान से २४ मील दूर लकी गाँव के निकट दौलत खाँ लोदी के नेतृत्व में युद्ध जीता जा चुका था। मुगल का दक्षिण, वाम और अग्रभाग शत्रु पक्ष के दबाव में नष्ट हो चुका था। परन्तु बड़े जोर की आँधी और जानी बेग के पक्ष के हाथियों के बिगड़ जाने से दौलत खाँ लोदी को मौका मिला और उसने हाथियों के भय से भागती सेना पर आक्रमण करके हारे हुए युद्ध को अपने पक्ष में कर लिया। जानी बेग ने युद्ध क्षेत्र से भाग कर उरनपुर में शरण ली। खानखाना ने इस बार किले की घेरा बंदी में चूक नहीं की फिर भी यह घेरा एक माह तक चलता रहा। इतने में वर्षा प्रारम्भ हो गई। निरंतर वर्षा से नदी में बाढ़ के कारण तीन ओर से जल के कारण और एक ओर से मुगलों के घेरे बंदी से खाद्य आपूर्ति लगभग समाप्त हो गई। नदी से सामग्री पहुँचना मुगलों के कब्जे के कारण असंभव थी और तोपों की गोलाबारी से भीतर रहना कठिन हो गया था। 'तबकाते बाबरी' के लेखक निजामुद्दीन के अनुसार लोग ऊँट आदि खाने लगे। जानी बेग के विश्वस्त सैनिक भूख से व्याकुल होकर खानखाना की शरण में आने लगे। खान खाना की उदारता से कई सिंधी मुगल सेना में आ गए। अन्ततः जानी बेग ने अपने विश्वस्त लोगों से यह कहवाया कि अल्लाह के नाम पर अपने ही धर्मियों की हत्या रोक दें। उसने दूतों का स्वागत किया और यह सन्धि प्रस्ताव स्वीकृत हुआ कि सेहवान दुर्ग और बीस युद्ध पोत मुगलों को दे दिये जायँ, मिर्जा जानी अपनी पुत्री का विवाह इरीज से करे तथा वर्षा समाप्त होते ही सिन्ध का शासक बादशाह के दरबार में स्वतः उपस्थित होकर अधीनता स्वीकार करे। सन्धि होने के बाद घेरा उठा लिया गया। जानी बेग ने ३ मास का समय माँगा ताकि वह अपनी राजधानी ठट्टा जाकर लाहौर चलने का प्रबन्ध कर सके। सेहवान दुर्ग की चाभी खानखाना के वहाँ पहुँचने पर दुर्गपाल द्वारा प्रदान कर दी गई। तीन मास की अवधि समाप्त होने पर जब वह नहीं आया तो खानखाना ने ठट्टा की ओर प्रस्थान करने का निश्चय किया। मिर्जा जानी राजधानी से निकलकर

फतेहाबाग में डेरा डाले हुए पुर्तगाली सेना के आने का इन्तजार कर रहा था। मुगल सेना आगे बढ़ती हुई फतेहाबाद पहुँच गयी। मिर्जा जानी बेग को आगे बढ़ कर स्वागत करना पड़ा। मिर्जा जानी बेग की धूर्तता और बहाने बाजी चलने नहीं पाई। खानखाना ने मुगलों के प्रति मित्रता का विश्वास दिलाने के लिए उससे जहाजी बेड़ा समर्पित करने को कहा। मिर्जा जानी बेग के पास दो ही विकल्प थे गिरफ्तारी या अधीनता। उसने अपना जहाजी बेड़ा जो उसकी रीढ़ था दे दिया। खानखाना ठट्टा चला गया। वहाँ से प्रस्थान करने के पूर्व उसने अपनी सारी सामग्री जो उस समय उसके पास थी अपने अमीरों और कर्मचारियों में वितरित कर दी। वह फतेहाबाग में लौट कर आया ही था कि शाही आदेश मिला कि वह पराजित शत्रु के साथ दरबार में उपस्थित हो। खानखाना अविलम्ब वहाँ से मिर्जा जानी बेग के साथ चलकर दरबार में उपस्थित हुआ। प्रसिद्ध फारसी कवि शैकेबी ने इस विजय के उपलक्ष में एक साकीनामा लिखा है।

दुःख और पराभव का समय

सिंध विजय के बाद खानखाना दरबार में ६ माह ही रह पाया था कि बादशाह ने उसे सुल्तान मुराद की दक्षिण विजय में सहायता के लिए भिलसा को जागीर के रूप में देकर दक्षिण प्रस्थान करने को कहा। खानखाना मालवा के मार्ग से दक्षिण को रवाना हुआ और कुछ देर अपनी नयी जागीर भिलसा में ठहरकर १८ जुलाई १५८४ ई० को दक्षिण की ओर सीधे न जाकर उज्जैन के रास्ते से चला क्योंकि वह चाहता था कि दक्षिण पर किसी भी आक्रमण के पहले दक्षिण के द्वार पर स्थित खानदेश पर अधिकार करना ज्यादा अच्छा रहेगा। सुलतान मुराद भड़ौच में अतिरिक्त सहायता की आशा में रहीम का इन्तजार कर रहा था। खानखाना की देरी उसे पसन्द नहीं थी। उसके दरबारी और अमीर खानखाना के विरुद्ध उसका कान भर रहे थे। सुलतान मुराद ने खानखाना की देरी के लिए दूतों से नाराजी भी व्यक्त करवाई। खानखाना ने लिखा भी कि वह खानदेश के राजा अलीखान से समझौते की बात कर रहा है उसे लेकर वह उपस्थित हो रहा है। खानखाना का यह कार्य उसकी दूरंदेशी और कूटनीतिक कौशल का प्रमाण था। परन्तु राजकुमार नाराज ही होता गया। और उसने अहमदनगर की ओर जून १५९५ ई० में प्रस्थान कर दिया इस समाचार से खानखाना को ठेस पहुँची। परन्तु अपनी सेना को शाहरुख के जिम्मे छोड़कर

वह राजा अली खान के साथ तेजी से बढ़ा और राजकुमार से चंदौर में मिला, जहाँ वह डेरा डाले हुए था। यह स्थान अहमदनगर से चालीस कोस दूर था। अनुनय विनय करने के काफी समय बाद उसे राजकुमार से बात करने का अवसर मिला। खानखाना राजकुमार से मिलकर दुःखी हुआ। उसने अपमानित महसूस किया। खानखाना ने झुंझलाकर कामों में रुचि लेना कम कर दिया। राजकुमार मुराद के अहमदनगर से प्रस्थान करने के पूर्व खानखाना की सहायता से ही अभंग खाँ और अहमदनगर के किले पर विजय मिली थी परन्तु राजकुमार ने खानखाना की सलाह नहीं मानी और छोटी विजय को स्थायी विजय में बदलने पर वह सहमत नहीं हुआ। मुराद के अहमदनगर से चले जाने के बाद ही उसने खुले दिल से ब्लाकमैन के अनुसार एक ही अवसर पर हिस्सा लिया। जब सुहैल खाँ ने राजकुमार मुराद को धमकी दी तो उसके सलाहकारों, अमीरों और पदाधिकारियों ने उससे न उलझने की सलाह दी। लेकिन खानखाना मिर्जा रहीम, अलीखान और शाहरुख ने शत्रु से स्वयं लड़ने का निश्चय किया। खानखाना के नेतृत्व में अलीखान और शाहरुख ने शाहपुर से प्रस्थान किया। शाहपुर की स्थापना भी वस्तुतः रहीम ने ही बरार पर अधिकार करके की थी। वाण गंगा के तट पर बरार यानी शाहपुर पर दुबारा अधिकार करने के प्रयत्न में हब्शियों द्वारा शाहीदल पर किये गये आक्रमण को नाकामयाब करके उनकी इच्छाओं पर उन्होंने पानी फेर दिया। मुगलों, राजपूतों, सैयदों और खानदेश की सम्मिलित सेना के साथ खानखाना ने शाहपुर से चलकर गोदावरी के तट पर पाथरी से १२ कोस दूर पहुँचकर अस्थि नामक स्थान पर डेरा डाला। नदी के दूसरे किनारे पर, चाँदबीबी के राष्ट्र जागरण के फलस्वरूप आदिलशाही, कुतुबशाही, निजामशाही और बीदरशाही की संयुक्त सेनाएँ आदिलशाही वीर योद्धा सुहैल खाँ के नेतृत्व में, डेरा डाले हुए थीं। पूरे पन्द्रह दिनों तक दोनों ही पक्ष गोदावरी के आर-पार एक दूसरे के आक्रमण का इन्तजार करते रहे। और जब खानखाना को दक्षिणियों के संयुक्त शक्ति का अनुमान हो गया तो उसने २६ जनवरी १५९७ ई० को नदी पार करके दक्षिण की सेना पर आक्रमण कर दिया। भयानक संघर्ष के बाद गुत्थम गुत्था युद्ध में कुतुबशाही और निजामशाही सैनिक मुगलों की मार से भागने लगे तो सेना के मध्य भाग में स्थित सुहैल खाँ ने पूरी शक्ति के साथ मुगलों पर आक्रमण कर दिया। तीव्र आक्रमण से होने वाली मारकाट से डर कर मुगल सैनिक युद्धस्थल से ३० मील दूर शाहपुर भाग गए। सुहैल खाँ जब मध्य भाग पर आक्रमण किया तो तोपों के सीधे आक्रमण

से बचने के लिए मध्यभाग से बगल हट गया परन्तु न जानकारी से राजा अली खान बीच में आ गया। अबुल फजल के अनुसार वह ३५ योद्धाओं और ५०० सैनिकों के साथ आदिलशाहियों से बहादुरी से लड़ा और मारा गया। दोनों पक्षों की ओर से हुए व्यापक नरसंहार के बाद अंधेरा हो जाने के कारण दोनों पक्षों ने एक दूसरे की हार का अनुमान करते हुए समझा कि वे लोग भाग गए। परन्तु शीघ्र ही वास्तविकता का ज्ञान हो गया। प्रातःकाल मुगल सैनिक जैसे ही नदी पर पानी के लिए सूपा के पास गए तो सुहैल खाँ ने २५००० घुड़सवारों की सेना के साथ आक्रमण कर दिया। खानखाना के पास इस समय कुल ७००० सैनिक ही थे। तीनों सेनाओं के महत्त्वपूर्ण योद्धा मारे जा चुके थे। इतिहासकार शाहनवाज ने किसी के हवाले से युद्ध स्थल का एक वृत्तान्त उद्धृत किया है जो रहीम की साहसिकता, वीरता और निश्चय की दृष्टि से अत्यन्त महत्वपूर्ण है। ऐसा कहा जाता है कि दौलत खाँ लोदी ने—जिसे अजीज कोका ने रहीम को दिया था और कहा था कि इनकी सेवा करो खानखाना बन जाओगे —जो उस समय सेनापति खानखाना का प्रमुख रक्षक था, हाथियों और तोपखानों को सुहैल खाँ द्वारा आगे बढ़ाया जाता हुआ देखकर खानखाना से कहा कि "हमारे पास ६०० घुड़सवार हैं, इतनी बड़ी सेना के सामने बढ़ने का तात्पर्य अपने को समाप्त करना है फिर भी मैं शत्रु के केन्द्र पर आक्रमण करूँगा।" सेनापति ने कहा, "क्या तुम्हें दिल्ली का स्मरण नहीं है।" दौलत खान ने उत्तर दिया कि "अगर हम इन विषमताओं से सुरक्षित रह गये तो सैकड़ों दिल्लियाँ ढूंढ़ लेंगे। बड़हा के सैयद यह वार्तालाप सुन रहे थे। उन्होंने समझ लिया कि खानखाना लड़ना चाहता है तो उन्होंने कहा कि "जब कुछ नहीं बचा है सिवाय मृत्यु के तो आइये हम सब हिन्दुस्तानियों की तरह लड़ें लेकिन आप खानखाना से यह पूछिए कि वह क्या चाहते हैं।" दौलत खाँ ने घूमकर खानखाना से पूछा, "हमारे सामने विशाल सेना खड़ी है, विजय अल्लाह के ही हाथ है। कृपया यह बताइए कि अगर आप हार गए तो हम लोग आप को कहाँ पाएँगे।" खानखाना ने कहा, "लाशों के नीचे।" दौलत खाँ और सैयदों ने आदिलशाही सेना के मध्य पर सीधे आक्रमण कर दिया। इस युद्ध में शत्रु पराजित हुए और सुहैल खाँ बेहोश होकर मैदान में गिर गया जिसे दक्षिणी बाद में उठाकर भाग गए। कहा जाता है कि खानखाना ने इस दिन ७५ लाख रुपया बाँट दिया। इस महान विजय के बाद भी खानखाना और राजकुमार मुराद में मतभेद बढ़ते ही गए। और अन्ततः राजकुमार के कहने पर खानखाना को

वापस बुला लिया गया। यह समय रहीम के दुःख का समय था। उसका संरक्षक और बादशाह उससे नाराज था ही इसी बीच उसका सबसे प्रिय पुत्र हैदरी जल कर मर गया। लाहौर से लौटते हुए अम्बाला में माहबानू अधिक बीमार हो गयी। पुत्र की मृत्यु वह झेल नहीं सकी और अम्बाला में ही १५९८ ई० में उसकी मृत्यु हो गयी। दक्षिण से लौटने पर खानखाना लगभग साल भर दरबार में रहा। यह उसके अपमान, दुःख और संताप का समय था।

२९ अक्टूबर १५९९ ई० को बादशाह अकबर ने राजकुमार दानियाल को दक्षिण में नियुक्ति की और रहीम को उसका अभिभावक और दक्षिण कमान का सेनापति बनाकर अहमदनगर के किले को घेरने और फतह करने के लिए भेजा। दानियाल और रहीम अहमदनगर किले का ४ माह और ४ दिन तक घेरा डाले रहे। चाँदबीबी ने सन्धि करनी चाही तो हब्शियों ने उसे मार डाला और इब्राहीम के पुत्र बहादुर को निजामशाह बनाकर युद्ध को तैयार हो गए। १६ अगस्त १६०० ई० को किले की दीवाल को उड़ा दिया गया और हब्शियों की पराजय हुई और रहीम बहादुर के साथ दरबार में आ गया। बहादुर को ग्वालियर के किले में जीवन भर के लिए कैद कर दिया गया। दानियाल को नवविजित प्रदेश—जिसे अकबर ने दानियाल और खानदेश के आधार पर दान देश कहा—का सूबेदार बना दिया गया। खानखाना की पुत्री जाना बेगम का विवाह खानखाना की दक्षिण में अहमियत को समझते हुए दानियाल से करा दिया गया। अप्रैल १६०१ में खानखाना अहमदनगर किले को दुरुस्त करने और शाहअली, जिसे निजामशाह बनाकर मालिक अम्बर और राजू दक्षिणी ने गद्दी पर बैठाया था को दबाये रखने के लिए जब लौटकर आया तो मुगलों के आपसी वैमनस्य और दक्षिणियों की एकता से परिस्थिति बदली हुई थी। हब्शी मलिक अम्बर अपनी प्रतिभा, साहसिकता और अदम्य वीरता से दास से सरदार बन चुका था। उसकी प्रतिष्ठा भी अधिक थी और उसी प्रकार राजू दक्षिणी भी प्रभावशाली था। खानखाना के नेतृत्व में मलिक अम्बर को दो बार १६ मई १६०१ को मजेरा में अब्दुल रहमान ने और नान्देर में खानखाना के पुत्र ईरीज ने १६०२ में हराया। इससे खानखाना की प्रतिष्ठा बढ़ गई। राजू से निपटने के लिए फरिश्ता के अनुसार खानखाना ने मलिक अम्बर से सन्धि कर ली और दो वर्ष राजू दक्षिणी को कुचलने में लगा रहा। राजू की शक्ति भी हारते हारते काफी क्षीण हो गयी। इसी बीच दामाद राजकुमार दानियाल की १६०४ ई० में ही मृत्यु हो गई। रहीम बिटिया जाना बेगम को बहुत स्नेह करता था।

उसने विधवा का जीवन व्यतीत किया जो रहीम के लिए बहुत हृदय विदारक था। लड़की का भरी जवानी में विधवा होना पिता के लिए कितना कष्टकारक है यह समझा ही जा सकता है। रहीम इस कष्ट से उबर भी न पाया था कि उसके संरक्षक महान सम्राट् अकबर की १६०५ ई० में मृत्यु हो गयी।

अकबर की मृत्यु के बाद दक्षिण की स्थिति बिगड़ती चली गयी। अबुल फजल आदि के अनुसार दक्षिण की स्थिति की जिम्मेदारी रहीम पर ही है। 'अकबरी दरबार' में भी यह कहा गया है कि रहीम ने अपनी अनिवार्य आवश्यकता को बनाये रखने के लिए दक्षिण में स्वतः ही पूर्ण शान्ति नहीं होने दी। वस्तुतः मुगल सरदारों के आपसी वैमनस्य और राग-द्वेष ने ही समस्यायें खड़ी कीं। शाहजादों की अपनी इच्छाएँ और पसन्द होती थी जिसके अनुसार वे व्यवहार करते थे। राज्य प्रशासन की अनभिज्ञता और युद्ध के अननुभव शाहजादों के अधिकारों और एकाधिकारी प्रवृत्ति से मिलकर समस्याओं को हल करने के बजाय समस्यायें उत्पन्न करते थे। दक्षिण की समस्या को समझने में इन स्थितियों के साथ ही साथ राजधानी से दक्षिण की दूरी और भौगोलिक स्थितियों को भी समझना चाहिए। खानखाना की बढ़ती हुई उम्र और बादशाह के मन में उत्पन्न संशय ने रहीम की शक्ति का क्षय ही किया। अकबर की मृत्यु के बाद वह बादशाह जहाँगीर से मिलने और दरबार में उपस्थित होने के लिए चिट्ठियाँ लिखता रहा, अंततः उसे दरबार में उपस्थित होने की अनुमति मिली। १६०८ में खानखाना बहुमूल्य उपहारों के साथ दरबार में अत्यन्त उल्लास के साथ उपस्थित हुआ। जहाँगीर ने अपनी आत्मकथा में लिखा है कि ''एक पहर दिन चढ़ा था कि मेरे अतालीक के अधिकार से सम्मानित खानखाना बुरहानपुर में सेवा में आकर उपस्थित हुआ। वह हर्षोल्लास में इतना विह्वल हो उठा कि उसे यह भी भान न रहा कि वह सिर के बल चलकर आया है या पैर से। विह्वलता से उसने अपने को मेरे पैरों में डाल दिया और मैंने दयालुता से उसे उठाकर छाती से लगाया और उसका मुख चूमा। उसने मोतियों के दो हार, कई हीरे, और माणिक भेंट किए जिनका मूल्य तीन लाख था इसके अतिरिक्त अन्य बहुत सौगातें और वस्तुएँ भेंट की।' बादशाह ने विशिष्ट घोड़े और अद्वितीय फतह नामक हाथी के साथ अन्य २० हाथी प्रदान करके उसे सम्मानित किया। खानखाना ३ माह ३ दिन दरबार में रहकर दो वर्ष में दक्षिण विजय का आश्वासन देकर यथेष्ट सहायता लेकर दक्षिण लौट आया। आसफ खान के अतालिकी में शाहजादा परवेज, खानेजहाँ लोदी, मानसिंह शरीफखान

आदि को रहीम की सहायता के लिए भेजा गया। खानखाना घनघोर बरसात में शाहजादे को बुरहानपुर से बालाघाट की ओर ले चला परन्तु सरदारों के के बीच असहमति के कारण उसकी योजना असफल हो गयी। मलिक अम्बर ने सामने युद्ध न करके छापामार लड़ाई लड़ी। परिणाम यह हुआ कि मुगल सेना की रसद सामग्री समाप्त होने लगी और घोड़े हाथी आदि चौपाए मरने लगे। खानखाना के मित्र भी शत्रु हो गये। उसे मलिक अम्बर से जहाँगीर की प्रतिष्ठा के अननुकूल सन्धि करनी पडी। इन सबसे बादशाह बहुत नाराज हुआ और उसने खानजहाँ लोदी को रहीम का उत्तराधिकारी बनाकर भेजा साथ ही साथ उसके पुराने शत्रु महावत खाँ को पराजित सेनापति को दरबार में लाने के लिए भी भेजा। महावत खाँ के साथ जब खानखाना लौटा तो उसे आगरा शहर में प्रवेश ही नहीं करने दिया गया। बादशाह जब मिला भी तो उसने रहीम की ओर ध्यान नहीं दिया। उसके पुत्रों—ईरीज और दाराब को उपाधियों और पारितोषिकों से साम्राज्य की प्रशंसनीय सेवाओं के लिए सम्मानित किया गया। दाराब को गाजीपुर जागीर के रूप में प्रदान की गयी। इस विपत्ति में उसके मित्रों और अधीनस्थों ने राजभय और असमर्थता के कारण उसका साथ छोड़ दिया। गाढ़े समय में मित्रता की पहचान सम्बन्धी दोहे इसी काल से सम्बद्ध हो सकते हैं। काफी समय तक चिन्तित अवस्था में वह दरबार में ही रहा फिर कुछ दिनों बाद आगरा प्रान्त में कालपी और कन्नौज की जागीर देकर वहाँ के उपद्रवों को शान्त करने के लिए भेज दिया गया। दो साल के लगभग खानखाना (१६१० से १६१२ ई० तक) कालपी में रहा।

खानेजहाँ की असफलता के बाद रहीम को दुबारा १६१२ ई० में दक्षिण भेजा गया। परन्तु दक्षिण की समस्या कुछ भी नहीं सुलझी। जहाँगीर ने परवेज के स्थान पर शाहजादा खुर्रम को 'शाह' की उपाधि देकर दक्षिण की समस्याओं के निदान के लिए भेजा और पीछे स्वयं भी मालवा में मांडू में आकर टिक गया। शाहजहाँ के आने के पूर्व ही खानखाना के लड़के ईरीज जिसे बादशाह ने उसकी वीरता के कारण शाहनवाज खाँ की उपाधि दी थी—ने मलिक अम्बर को कड़े संघर्ष में १६१६ ई० में हरा दिया और वह मैदान छोड़कर भाग गया। ६ मार्च १६१७ ई० को शाह खुर्रम का बुरहानपुर लिवाकर खानखाना स्वयं आया जो नर्वदा तट पर स्वागत करने गया था। दक्षिण में रहीम की स्थिति को समझते हुए जहाँगीर ने खुर्रम की शादी रहीम की नातिनी और शाहनवाज खाँ की लड़की से २३ अगस्त १६१७ ई० को करवा दिया। राजकुमार बुरहानपुर

में स्थायी रूप से टिक गया और विश्वस्त तथा चतुर व्यक्तियों को दक्षिण के शासकों के पास अधीनता स्वीकार करने के लिए भेजा। खानखाना से वैवाहिक सम्बन्धों, बादशाह की निकट में उपस्थिति और शाहजादे का विशाल सेना के साथ मुहाने पर होना आदि स्थितियों ने दक्षिण के शासकों को समझौते के लिए विवश कर दिया। आदिलशाह ने १५ लाख रुपये मूल्य के सामान और नकदी के साथ हाथी आदि उपहार में भेजा और अधीनता स्वीकार कर ली। इतने ही मूल्य के लगभग नकदी और सामान कुतुबुलमलिक ने भी भेजा और अधीनता स्वीकार की। मलिक अम्बर के पास कोई चारा नहीं था। उसने भी अधीनता स्वीकार कर ली तथा अहमदनगर तथा अन्य किलों की चाभियाँ तथा बालाघाट का जीता हुआ प्रदेश सौंप दिया। दक्षिण के इस अभियान से संतुष्ट होकर शाह खुर्रम, खानदेश, बरार और अहमदनगर की सूबेदारी खानखाना को देकर तथा शाहनवाज खान को बालाघाट के जीते हुए हिस्से का प्रबन्धक नियुक्त कर अपने पिता से मिलने १२ अक्टूबर १६१७ ई० को मांडू चला गया। बादशाह ने उसे शाहजहाँ की उपाधि दी तथा सिंहासन से उठकर उसका स्वागत किया। मलिक अम्बर अपनी आदत के अनुसार अधिक दिन तक अधीन नहीं रह सकता था। उसने सन्धि तोड़ दी और मुगल थानेदारों पर हमला कर दिया। खानखाना के ये विपत्ति के दिन थे। वीर शहनवाज खान की अत्यधिक मदिरापान से मृत्यु हो गयी और दूसरा पुत्र रहमानदाद भी चल बसा। दोराब खान बालाघाट से बालपुर और वहाँ से १६२० ई० में बुरहानपुर खदेड़ दिये गये। बुरहान में दोराब और खानखाना दोनों ही गिरफ्तार कर लिए गए और तभी मुक्त हुए अब शाहजहाँ स्वयं वहाँ आया।

१६२२ ई० में परसिया के शाह अब्बास ने कन्दहार पर आक्रमण किया तो शाहजहाँ और खानखाना को सेना की कमान संभालने के लिए बुलाया गया परन्तु इसके पूर्व की वे पहुँचे शाहजादा परवेज को साम्राज्य का उत्तराधिकारी बनाकर तथा महावत खाँ को खानखाना की पदोन्नति के साथ भेज दिया गया। शाहजहाँ रहीम के साथ मांडू लौट आया और वहाँ से बुरहानपुर पहुँचकर साम्राज्य के खिलाफ विद्रोह कर दिया। इसी बीच बुरहानपुर में रहीम के द्वारा महावत खाँ को भेजा गया एक पत्र पकड़ में आ गया जिसे रहीम इनकार भी नहीं कर सकते थे। शाहजहाँ ने वृद्ध सेनापति को विश्वासघात के कारण गिरफ्तार करके असीरगढ़ भेज दिया परन्तु बाद में जमानत पर छोड़ दिया। इसी बीच में शाहजहाँ को गिरफ्तार करने के लिए परवेज और महावत खाँ

नरबदा (स्थान विशेष) आ गए। शाहजहाँ के एक अधिकारी ने इसी कारण से सभी नावें नदी के बाएँ किनारे पर हटा लीं इसलिए महावत खाँ आदि को नदी के दूसरे किनारे पर ठहरना पड़ा। शाहजादा इधर-उधर की भाग-दौड़ से हताश होकर स्वयं ही बादशाह से मेल करना चाहता था। उसने बूंदी के राजा के पुत्र सरबुलन्द राय से महावत खाँ के पास सन्धि का प्रस्ताव भेजा परन्तु अनुभवी महावत खाँ ने खानखाना को राजकुमार के पास उपस्थित होकर स्वयं वार्तालाप करने को कहा। शाहजहाँ ने न चाहते हुए भी वृद्ध सेनापति को असीरगढ़ किले से मुक्त किया और अनुनय विनयपूर्वक महावत खाँ के पास जाने को कहा। उसने अतिरिक्त विश्वास के लिए अंतःपुर में ले जाकर अपने बच्चों को याचक के रूप में उपस्थित किया तथा पवित्र कुरान की शपथ दिलायी कि वह विश्वास-घात नहीं करेगा। और इसके वाद खानखाना को नदी के पार भेजा। खान-खाना शाहजहाँ को दिये गये वचन को भूलकर राजकुमार परवेज से मिल गया और नहीं लौटा। शाहजहाँ को बुरहानपुर छोड़कर भागना पड़ा। रहीम का यह अक्षम्य अपराध था। बादशाह सलीम ने तो वैसे ही उसे उसके बाप के समान विश्वासघाती कहा था शाहजहाँ ने भी यही समझा। यह रहीम के चरित्र का कमजोर पक्ष है। यदि यह तर्क दिया जाय कि खानखाना पर आपत्तियों का पहाड़ टूट पड़ा तो कहा जा सकता है कि धीर-वीर पुरुषों की विपत्ति में ही परीक्षा होती है। यद्यपि शाहनवाज खान जैसे वीर और यशस्वी पुत्र की मृत्यु साधारण बात नहीं है।

खानखाना ने महावत खाँ के साथ भागते हुए राजकुमार शाहंशाह का पीछा ताप्ती के पार तक किया। राजकुमार तेलंगाना से उड़ीसा होता हुआ बंगाल निकल गया। रहीम ने शाहजहाँ के सहायक और मित्र उदयपुर के राजा भीम से यह भी कहलवाया कि यदि शाहजादा उसके पुत्रों को मुक्त करके उनसे मिलने दें तो वह उसका पीछा करती हुई शाही सेना को रोकने में अपनी शक्ति भर कुछ नहीं उठा रखेगा। राजा भीम ने उत्तर दिया कि राजकुमार के साथ अभी भी पाँच छः हजार सैनिक हैं और अगर वह लडने आया तो वह उसके लड़कों को मार डालेगा। शाहजहाँ बंगाल से बिहार की ओर गया और उसने दोराब खाँ को जो उन दिनों शाहजादे के साथ था, इसका सूबेदार बना दिया। १६ मार्च १६२४ ई० को शाहजहाँ को गिरफ्तार करने के लिए महावत खाँ इलाहाबाद आया तो रहीम पर निगरानी रखी जाने लगी। इसी बीच दरबार में महावत खाँ के साथ उपस्थित होने का आदेश प्राप्त हुआ। खानखाना १६२५

ई० में दरबार में उपस्थित हुआ और उसने बादशाह से यह कहते हुए माफी माँगी कि 'यह सब भाग्य के परिणाम स्वरूप हुआ। यह न तो मेरे बस में था न आपके, मैं आपसे अधिक लज्जित हूँ।' बादशाह ने उसे माफ कर दिया और कई लाख रुपया दिया। उसकी पद और उपाधियाँ लौटा दी गयीं। मालकौश संभवत: कन्नौज जागीर के रूप में प्रदान किया गया। इस कृपा से अभिभूत होकर खानखाना ने, जो एक जमाने में हवा का रुख बदल देता था अपनी अँगूठी पर यह शेर खुदवा लिया था कि—

मरा लुत्फे जहाँगीरां जे हाई ढाते रब्बानी।
दो वार: जिन्दगी दाद: दो वार: खानखानानी॥
ईश्वर की सहायता और जहाँगीर की दया से,
दो बार जिन्दगी और दो बार खानखाना;

खानखाना अपने जागीर के रास्ते में लाहौर में विश्राम कर रहा कि दरबार में अपने प्रति सामान्य शिष्टाचार का पालन न करने के कारण महावत खाँ नाराज हो गया और उसने रहीम को जागीर पर जाने देने के बजाय दिल्ली वापस भेज दिया। परन्तु भाग्य ने पलटा खाया। अन्त:पुर के राजनैतिक दुष्चक्र से महावत खाँ पर राजकृपा कम हो गयी। वह बागी हो गया। नूरजहाँ ने खानखाना को सेना लेकर महावत खाँ का पीछा करने और दंड देने के लिए कहा। इस कार्य के लिए १२ लाख रुपये उसे दिये गये और अन्य आवश्यक प्रबन्ध हो ही रहे थे कि खानखाना लाहौर में बीमार पड़ा और दिल्ली लौट आया जहाँ उसकी १६२८ ई०में मृत्यु हो गयी। उनके सम्बन्ध में हिन्दी के बीसों कवियों की कविताएँ हैं। सभी कविताएं युद्धवीरता और दानवीरता की हैं। गंग की २० कविताओं में से एक दोहा और एक कवित्त देकर प्रसंग समाप्त करता हूँ।

सीखे कहा नवाब जू, ऐसी देनी दैन।
ज्यों ज्यों कर ऊंचो करो, त्यों नीचे नैन॥
गंगगोंछ मोंछें जमुन, अधरन सुरसति राग,
प्रगट खानखाना भयो, कामद बदन प्रयाग

प्रबल प्रचंड बली बैरम के खानखाना,
तेरी धाक दीपक दिनान दह दहकी ।
कहै कवि गंग तहाँ भारी सूर बीरन के,
उमड़ि अखंड दल फलै पौन लहकी ।
मच्यो घमसान तहाँ तोप तीर बान जले,
भंडी बलवान किरवान कोपि गहकी ।
तुंड काटि, मुंड काटि, जोसन जिरह काटि,
नीसा जामा, जीन काटि जिमी आनि ठहरी ।

(गंग ग्रन्थावली पृ० २४९-५०)

●

रहीम के युग का मिज़ाज़

अब्दुल रहीम खानखाना के बचपन से मृत्यु तक का काल अपने से पहले और बाद के काल से इस अर्थ में भिन्न अवश्य था कि यह अकबर जैसे महान् शासक का काल था जिसमें नवीन प्रयोगों की ललक और सबको साथ में लेकर चलने की इच्छा थी। जो कट्टर पंथियों और क्रान्तिकारियों के बीच के मार्ग का अनुयायी था। जो अपने व्यक्तित्व के प्रति अत्यन्त सजग था और जिसकी इच्छा निष्कंटक और शान्तिपूर्ण राज्य की थी। परन्तु यह सारी इच्छा उच्चवर्ग के दायरे तक ही सीमित थी। राजन्यवर्ग और भृत्यवर्ग के बीच दुलंघ्य खाईं थी जो अकबर के समय भी कम नहीं हुई। डॉ० अशरफ ने लिखा है कि अकबर के शासन के प्रारंभ के समय 'भारतीय समाज के शासक और उच्चवर्ग उस युग की संस्कृति द्वारा समुन्नत किए गये अत्यन्त विलासी और उत्कृष्टतम वातावरण में रहते थे। प्रत्येक दृष्टिकोण से दिल्ली एशिया की प्रगतिशील राजधानी मानी जातो थी। यह कहने की आवश्यकता नहीं कि अल्पसंख्यक उच्चवर्ग की इस संस्कृति और उत्कृष्टता का जनसाधारण के जीवन से कोई सम्बन्ध नहीं था। बहुसंख्यक जनता का जीवन घिसा-पिटा और रूखा था और वह मानसिक संस्कृति के निम्न स्तर का प्रतिनिधित्व करता था—(हिन्दुस्तान के निवासियों का जीवन और परिस्थितियाँ)। हुमायूँ द्वारा वर्गीकृत 'अहल-ए-दौलत'—मुख्य शासक वर्ग जिसमें राजपरिवार के सदस्य, अमीर और सैनिक सम्मिलित थे; 'अहल-ए-सआदत'—जिसमें धर्मशास्त्री (उलेमा) न्यायाधिकारी (काज़ी), सैयद, धर्म दर्शन के नेता और प्रतिष्ठित, पवित्र धर्म भीरु लोग, विद्वदजन विशेषकर कवि और लेखक सम्मिलित थे, अहल-ए-मुराद—जिसमें मनोरंजन करने संगीतज्ञ, चारण, सुन्दर बालाएं और आनन्द भोगों को सफल बनाने वाले सहायक लोग थे; आदि तीनों वर्गों को राजन्य वर्ग के अन्तर्गत माना जा सकता है। प्रो० नूरुल हसन के द्वारा वर्गीकृत जमींदारों की तीनों श्रेणियाँ—स्वायत्त सरदार, मध्यस्थ जमींदार और प्राथमिक जमींदार इसी

शासक वर्ग या राजन्य वर्ग के अन्तर्गत हैं इन्हें हम 'अहल-ए-दौलत' के अन्तर्गत रख सकते हैं। उस युग के कुलीनतंत्र के रीति-रिवाजों और दरबार के कठोर नियमों को देखते हुए यही कहा जा सकता है कि प्रजा और राजा का कोई सीधा सम्बन्ध नहीं था। वह ईश्वर की भाँति अपने भक्तों और दासों पर अनुग्रह करके दर्शन देता था। झरोखा दर्शन इस प्रवृत्ति का एक प्रमाण मात्र है। आम जनता से संबंध केवल प्राथमिक जमींदारों का था जो अत्यंत घिनौना था। 'समृद्धि की लीला' और 'दानशीलता की होड़' के लिए प्राथमिक जमींदारों द्वारा किसानों पर कर तो लगाए ही जाते थे प्राथमिक जमींदार अपनी इच्छा पूर्ति के लिए कर भार को बढ़ाते रहते थे। किसानों के इस शोषण के साथ ही साथ व्यापारियों का भी शोषण होता था। (कैम्ब्रिज हिस्ट्री ऑव इन्डिया, पृ० १७५ और पृ० २२५)

उस समय की कुल आबादी जिसे १० करोड़ से १२ करोड़ के बीच में आंका जाता है, में से वस्तुतः कुल ८००० मनसबदारों के हाथ में साम्राज्य की कुल आय का लगभग ८१% खर्च होता था। इरफान हबीब का यह लम्बा उद्धरण खानखाना की हैसियत के साथ ही साथ तत्कालीन साहित्य के त्यागवाद, भक्ति और व्यवहारवाद आदि का कारण भी पता चलता है। प्रो० इरफान हबीब का विश्लेषण है कि 'उस समय मनसबदारों की कुल संख्या ८००० थी, क्योंकि ५०० जात के ओहदे रखने वाले लगभग ७५५५ मनसबदार ऐसे थे जिन्हें शासकीय इतिहासकार ने दर्ज नहीं किया है। चूंकि नकद वेतनों का भुगतान करने के अलावा खालिसा के खर्च का हिसाब में शुमार होना है इसलिए ऐसा लगेगा कि संभवतः इन ७५५५ पर साम्राज्य के कुल राजस्व का केवल २५% या अधिक से अधिक ३०% खर्च बैठता था। इसके दूसरी ओर उच्चतर मनसबदारों में से ४४५ मनसबदारों का साम्राज्य की राजस्व आय के ६१% से अधिक पर नियंत्रण था और साम्राज्य का आधे से अधिक भाग जागीर के रूप में उनके पास था। पिरामिड की तरह के व्यक्ति समूह की चोटी पर केवल ६८ शाहजादे और अमीर तथा रईस थे, जिनको साम्राज्य कुल राजस्व का ३६.६% मिलता था और शायद इसके कुल क्षेत्र के लगभग एक तिहाई को अपनी जागीरों के रूप में अपने कब्जे में रखे हुए थे।' इसमें कोई दो राय नहीं कि मनसबदारों की आमदनी का तीन चौथाई सैनिकों के रखने पर खर्च हो जाता था। काफी आमदनी सैनिकों में पुरस्कार के रूप में वितरित कर दी जाती। रहीम ने जानीबेग को हराने के बाद ७५ लाख रुपये सैनिकों में बांट दिया था। परन्तु इन सबके

बावजूद प्रो० इरफान हबीब के अनुसार ४५० से भी कम आदमी साम्राज्य के राजस्व के ३/५ से भी अधिक को खर्च कर देते थे। खर्च किए जाने वाले राजस्व में किसान के अधिशेष का अधिकांश समाया हुआ होता था। वर्तमान काल को छोड़कर कभी भी भारतीय इतिहास में 'अत्यधिक बहुलता में जीने वाले धनी लोगों और निपट पराधीनता तथा गरीबी में रहने वाले आम लोगों के बीच इतना अधिक फर्क नहीं रहा है' (मध्यकालीन भारत-भाग २, पृ० ४०-४१)। प्रायः सभी विदेशी यात्रियों ने निरपवाद रूप से आम जनता की भयानक गरीबी का संकेत किया है। इस काल में किसानों और भूमि हीनों के बीच भी व्यापक दूरी थी। समाज में जाति-प्रथा और भूमि सम्बन्धी रिश्तों, कस्बों में नये पेशों के उदय तथा अधिशेष की नकद बिक्री, कपड़े आदि की व्यापक माँग, इमारतों के निर्माण तथा कल कारखानों के कारण नौकरी की सुविधाओं ने स्तरात्मक समाज में एक प्रकार की गतिशीलता उत्पन्न कर दी थी। प्रो० धुर्ये के अनुसार पेशों के कारण भंगी भी ब्राह्मण हो सकते थे। जातियों की सामाजिक प्रतिष्ठा और पेशों को साथ रखकर देखने से यह निष्कर्ष निकालना सहज है कि इस काल में एक कस्बाई संस्कृति का विकास हो रहा था जो एक प्रकार का मध्य वर्ग था। तबकाते अकबरी ने ३२०० कस्बों का उल्लेख किया है जो इस वर्ग के उदय के प्रमाण हैं। बनारसीदास की 'अर्ध कथा' और रहीम की 'नगर शोभा' में विभिन्न पेशों वाली जातियों का उल्लेख है जो मध्यवर्ग को प्रमाणित करती है। प्रो० हबीब और डॉ० सतीशचन्द्र इस वर्ग की अवस्थिति को स्वीकार करते हैं। नगर शोभा में इन नये पेशों वाली स्त्रियों के प्रति रहीम का दृष्टिकोण उन स्त्रियों की सामाजिक स्थिति का संकेत करता है तथा पैसे के प्रति उनकी धारणा का भी। विभिन्न पेशों वाली इन जातियों को तत्कालीन सामन्ती मांग और वस्तु विनिमय से जोड़कर देखने पर नई तस्वीर उभरती है।

ऐतिहासिक साक्ष्यों के इस संदर्भ में तुलसीदास और रहीम आदि की कविताओं में दैन्य के व्यापक वर्णन का कारण समझ में आ सकता है। भव्यता विशालता, विराटता, गौरव के साथ क्षुद्रता, दीनता, लघुता हीनता को तत्कालीन संदर्भ का सत्य मानना चाहिए। रहीम समय, दशा और कुल को ही तत्कालीन समाज में सम्मान का कारण मानते हैं। वे सम्पत्ति को भी सर्वोपरि महत्त्व देते हैं। ईश्वर को पूरे भक्तिकाल में एक मात्र करुणा कर, दीनबन्धु दयालु आदि से सम्बोधित किया गया है। सूर, तुलसी आदि की कविताएँ इ

प्रकार के सर्वशक्तिमान ईश्वर की अहैतुकी कृपा और दास या भक्त के आत्म निवेदन, आत्म भर्त्सना आदि से भरी पड़ी हैं, जिन्हें संरचनात्मक दृष्टि से राजा प्रजा के सम्बन्धों का आभ्यंतरीकृत रूप ही कहा जा सकता है वह इस अर्थ में जनता का रुदन और आँसू ही है। अफीम तो वह तब बनता है जब धर्म संस्थान के माध्यम से उसका इस्तेमाल सांस्कृतिक सम्मोहन के लिए किया जाता है। दीनों की दशा का जो उल्लेख रहीम ने किया है वह तत्कालीन जनता की विवश स्थिति के प्रति दया पैदा करता है जिसमें दान जैसे महत्त्वपूर्ण संस्थानों का व्यापक महत्त्व विकसित होता है। रहीम के दान की महिमा के अनेकों वर्णन अकबरी दरबार में आजाद ने इकट्ठा किया है। वस्तुतः वह युग दान की होड़ से भरा पड़ा है। दान न दे पाने की असमर्थता से उत्पन्न वेदना का उल्लेख भी रहीम ने बार-बार किया है और यह भी कहा है कि इस प्रकार की पीड़ा मनसबदारी व्यवस्था में उन्हें ही हो सकती थी जिनकी पद, प्रतिष्ठा और सम्पत्ति थी। दीन, दान और दया को तत्कालीन निरंकुशता और राजकृपा के संदर्भ में रखकर ही देखना चाहिए। रहीम के निम्नलिखित दोहे वस्तुतः उस युग के सामान्य वर्णन रूढ़ि को ही नहीं स्थिति को व्यक्त करते हैं।

दीन सबन को लखत हैं, दीनहि लखै न कोय।
जो रहीम दीनहि लखै दीन बन्धु सम होय॥
समय, दसा, कुल देखि कै, सबै करत सनमान।
रहिमन दीन अनाथ को, तुम बिन को भगवान॥
सर सूखे पच्छी उड़े, औरें सरन समाहिं।
दीन मीन बिन पच्छ के कहु रहीम कहँ जाहिं॥
संतत सपति जानि कै, सबको सब कुछ देत।
दीन बंधु बिन दीन की को रहीम सुधि लेत॥

'गंग कहैं सुन शाह अकब्बर सोई बड़ा जेहि गाँठ रुपैया' लिखकर गंग ने एक शाश्वत सत्य को ही ध्वनित किया है जो दीनों की दशा का कारण भी है। और गंग ग्रंथावली में 'क्षुधा' और पेट पर जो कवित्त हैं वे रहीम और तुलसी के पेट सम्बन्धी उक्तियों से मिलकर इस तथ्य की स्थापना को बल देते हैं कि भूखा रहना और अत्यन्त सुखी रहना दोनों ही उस युग की समान्तर स्थितियाँ थीं और आज भी हैं। तुलसीदास से बेहतर उस युग की सामान्य जनता का चित्र शायद ही किसी रचनाकार ने खींचा हो। रामविलास शर्मा ने

लिखा है कि 'तुलसीदास मानवीय करुणा के अन्य तम कवि हैं । तुलसीदास की वाणी मूलतः पीड़ित कृषक जनता की वाणी हैं' (दे० साहित्य स्थायी मूल्य और मूल्यांकन, पृ० ३८-३९) । रहीम और गंग आदि कवियों के लिए पेट का खाली और भरा रहना एक प्रकार का नीति कथन है स्थिति का वर्णन नहीं है । परन्तु तुलसीदास का निम्नलिखित अंश राजन्य वर्ग से भिन्न समाज का सत्य है जो इतिहासकारों के तथ्यों से अधिक ज्वलन्त है ।

किसबी किसान कुल, बनिक भिखारी भाट,
चाकर चपल नट, चोर, चार, चेटकी ।
पेट को पढ़त, गुन गढ़त, चढ़त गिरि,
अरत गहन-गन अहन अखेट की
ऊँचे नीचे करम धरम अधरम करि,
पेट को ही पचत, बेचत बेटा बेटकी ।
तुलसी बुझाई एक राम घनश्याम हीतें,
आगि बड़वागि ते बड़ी है आग पेट की ।
दारिद दसानन दबाई, दुनो दीन बंधु ।
दुरित-दहन देखि तुलसी हहा करी ।

तुलसी की इस टिप्पणी के साथ ही साथ इस्लाम के समय के सामाजिक इतिहास पर मोहम्मद यासीन की यह स्थापना तुलनीय है कि 'कारीगर-किसान-मजदूर तथा अन्य छोटे-छोटे धन्धों में लगे लोग सामान्य तबके के थे । अर्धनग्न अवस्था में लँगोटी लगाकर फूस की झोपड़ियों में रहते थे, मिट्टी के बर्तन, पत्तों की झोपड़ी उनकी सम्पत्ति थी । जीतोड़ मेहनत करने के बाद भी दो जून रोटी नहीं खा पाते थे क्योंकि मजदूरी कम थी या सामन्त उनसे बेगार करवाते थे । आदमी आदमी को खाना या लड़के लड़कियों को बेच देना जैसी उक्तियाँ उनकी घोर निर्धनता और भुखमरी का प्रमाण हैं ।' विचित्र जहाँगीर के समय के विख्यात चित्रकार हैं जिनके चित्रों में फूस की झोपड़ियाँ और अधनंगे किसान चित्रित हैं कबीर जायसी जैसे कवि तो लौकिकीकरण के तर्क पर नागमती आदि प्रसंग में भी छप्पर का वर्णन करते हैं । सामान्य जनता से जुड़े सूफियों और संतों की रचनाओं में जिसका वर्णन है वह दरबारों में लिखे जाने वाले कवि सम्राटों के काव्यों से भिन्न है दरबारी कवियों को सम्राट हुमायूँ ने आमोद प्रमोद के साधनों में मानकर उनकी स्थिति को स्पष्ट कर दिया है । उनके

कविताओं में या तो घोर शृङ्गार है या एक प्रकार की सूफी रहस्यमयता है। इस युग के बारे में विश्लेषण करते समय इस तथ्य को सदा ध्यान में रखना चाहिए कि सूफियों और संतों ने दीनता और धनराहित्य का संस्थानीकरण कर दिया था। ईश्वर की काल्पनिक सत्ता को राजन्य वर्ग के समान्तर स्थापित करके निम्न वर्ग और असहाय व्यक्तियों को निश्चय ही ये मीठी नींद में सुलाकर सपना दिखाने का कार्य करते थे तथा उसकी स्थिति को औचित्यपरक, ईश्वर के लिए अधिक अनुकूल और भाग्यवादी बना रहे थे। सोपानात्मक व्यवस्था और समाज में इस प्रकार के सिद्धान्त उस व्यवस्था को स्थायित्व प्रदान करते हैं। सांस्कृतिक वृक्ष क़ा यह फैलाव जिस मूल आधार पर खड़ा होता है वे विषमता के विभिन्न रूप और आकार होते हैं मध्यकाल के स्थापत्य और वास्तुकला की विराटता और भव्यता, बुलन्द दरवाजे और हाथियों की विशाल सवारियाँ आदमी को लघुता का बोध कराती हैं। प्रभुत्व को इनके माध्यम से स्थापित नहीं किया जाता था बल्कि ये लघुत्व के बोध को नियति के साथ जोड़कर देखने का दर्शन बुनती थीं। विनय के पदों में पायी जानेवाली लघुता और पतितावस्था की स्वीकृति आदि को जोड़कर देखने पर यह कहा जा सकता है कि विराटता और लघुता, पतित पावनता और पतितता इस युग का संरचनात्मक आधार है।

साधारण लोग उलेमाओं, काजियों, पंडों और पुरोहितों के द्वारा भी शोषित थे। उलेमाओं की शक्ति पर अंकुश समय-समय पर लगाए जाते रहें परन्तु जैसा कि ब्लाकमैन का अनुमान है कि उनकी शक्ति की सर्वोपरिता बनी ही रही। सामन्तों के शोषण से बचा हुआ अधिशेष या खाने का अनाज बहुत बड़ी संख्या में उत्पन्न हुए भिखारियों, पंडों, पुरोहितों, योगियों, मुनियों, साधुओं, संतों, सिद्धों, तांत्रिकों आदि को चला जाता था। इन साधुओं और मुफ्तखोरों का उल्लेख विद्यापति की पदावली पदमावत और कबीर की बानियों में प्रायः है। इहलोक और परलोक दोनों ही भय के कारण थे। एक का शोषण मूर्त था चूंकि भय मूर्त्त था एक का भय अमूर्त था और चेतना में सांस्कृतिक तंत्र के पारिवारिक स्तर पर समाज द्वारा प्रतिष्ठित था इसलिए वह अमूर्त रूप से शोषण का कारण था। इन दोनों के प्रति प्रश्नचिह्न व्यवस्था मात्र के प्रति प्रश्न चिह्न था। एक के बगैर दूसरे की सत्ता सम्भव नहीं थी। निरंकुशता की पूरी सामन्ती दीवार इसी भित्ति पर टिकी थी जिसे शताब्दियों से व्याप्त भय ने समर्पण और आत्मदीनता में परिवर्तित कर दिया था। निरंकुशता कृपा,

करुणा आदि मूल्यों की स्वीकृति पर भी स्थित है। ये मूल्य व्यवस्था विशेष में इसका पोषण करते हैं। परन्तु ये मूल्य तभी बनते हैं जब इनमें सामाजिक मंगल की प्राण प्रतिष्ठा की जाती है जिसका सम्बन्ध अनाथ और अपाहिज की रक्षा ही नहीं उसके कारण का निदान भी है। मध्यकाल का विश्लेषण करते समय दोनों वर्गों के बीच की इस दुर्लंघ्य खांई को समझकर ही उस काल के साहित्य का मूल्यांकन कर सकते हैं।

राजदरबार में लिखा जाने वाला साहित्य आश्रयदाता की रुचियों, संस्कारों और सभा की प्रकृति पर निर्भर करता था। कविता श्रव्य थी फलतः श्रव्यता के कर्ण सुखद और भाव प्रवण होने की आवश्यकताओं के साथ सामन्ती समाज द्वारा कुछ आवश्यक विशिष्टताएँ निर्धारित थीं, कुछ नियम और सूत्र कवि-समय, काव्य समय और कथानक रूढ़ियाँ थीं, जिनका ज्ञान न केवल आवश्यक था बल्कि दी गई छूट के भीतर ही उनका उपयोग संभव था। रुचियों के परिष्कार और कलात्मकता के लिए गुंजाइश आश्रयदाता के संदर्भ में ही संभव थी। आश्रयदाता मुगल सामन्तों की परिष्कृत रुचि के बावजूद अनुकरणवादी और पीछे देखू थे। निरंकुशता की प्रवृत्ति स्वतः भी पीछे देखू तथा अनुशासन और मर्यादाओं के पालन की होती है, इसलिए दरबारी काव्यमूलतः कलात्मकता, पांडित्य और चमत्कृति द्वारा भावित रसात्मकता से अधिक नहीं था। यहाँ तक कि कवियों द्वारा की जाने वाली प्रशंसा और साहित्यिक विशिष्टता सामन्तों को प्रतिष्ठित ही करती थी, उन्हें हुमायूँ ने आमोद-प्रमोद के साधनों में माना था तो सत्य ही था। सीमित दायरे की भीतर जितनी विशिष्टतम सूक्ष्मता, बारीकी या उक्तिगर्भता संभव थी वह इस काव्य में है अवश्य। इस प्रकार का काव्य या तो कसींदाकारी का है या गजल का या फिर एक प्रकार के तसव्वुफ का। अबुल फजल, निजामुद्दीन और बरानी के प्रसिद्ध ग्रन्थों के अन्त में कविताओं का प्रयोग सामंती संरचना के विचार तंत्र का प्रमाण प्रस्तुत करने के साथ ही साथ उस युग की प्रकृति का भी प्रमाण है। परन्तु दूसरी ओर ऐसी कविताएँ हैं जो स्थापित काव्य की मान्यता से न केवल भिन्न है बल्कि एक दूसरी दुनिया की आवाज लगती हैं। इस प्रकार के कवि घुमक्कड़, साधु संत और संन्यासी हैं। वे दूसरे के श्रम पर जीवित न होकर श्रम करके खाने वाले तपस्वी हैं। वे सामन्तवाद की विचारधारा पर आक्रमण करते हैं। भेदभाव और ऊँचनीच, पूजा भावना और आडम्बर पर आक्रमण केवल सुधार नहीं माना जा सकता क्योंकि ये निरंकुशता की नींवें हैं। इन पर आक्रमण निरंकुशता पर आक्रमण

है। सार्वभौम समानता का तथाकथित इस्लाम का नारा व्यावहारिक स्तर पर अमीर और गरीब का विरोधी न था क्योंकि वह स्वयं ही सिद्धान्तों का स्रोत था। कीरी और कुंजर की समानता का नारा प्रजा और राजा की समानता की माँग है। नाम साधना, सहज समाधि और प्रेम उस रूपतत्व का विरोध करते हैं जो निरंकुशता को बनाये रखे हैं। इस प्रकार की आवाज उलेमा और पुरोहित दोनों के खिलाफ थी और प्रकारान्तर से उस विचारधारात्मक आधार के खिलाफ थी जिस पर पूरा स्थापत्य खड़ा था। इस आवाज से भिन्न आवाजें भी इस प्रवाह से बच नहीं सकी हैं। परन्तु परिश्रम करने वाला और परिश्रम न करने वाला विभाजन इस भक्तों और साधुओं में भी था। और यही इनको अंततः एक प्रकार के सर्वोदयी समाज में संगठित करने का कारण भी बना। हिन्दुस्तान की इस दुर्दशा का उल्लेख विजयदेवनारायण साही के इस वाक्य में है कि हिन्दुस्तान में क्रान्तिकारी से क्रान्तिकारी आवाज एक प्रकार के सम्प्रदाय में बदल जाती है। यह बदलाब मूलतः सत्ता से स्वतंत्र इकाई के रूप दूसरे विश्व का अंग बनकर आवाज उठाने का है। क्योंकि यह आवाज या तो एक प्रकार के संतुलन में समाप्त हो जाती है जैसा कि तुलसीदास के रामचरित मानस में है या मठी हो जाती है जैसा कि बौद्धों, जैनियों, नाथों, सिद्धों और साधुओं संतों के साथ हुआ है। परन्तु इन स्थितियों के बावजूद इन आन्दोलनों ने वैचारिक स्तर पर विचारधारात्मक स्तर को तोड़ने या लचीला बनाने का प्रयास अवश्य किया। धर्म की जकड़बन्दी को जहाँ इन्होंने एक प्रकार के उदारतावाद में बदला वहीं उन्होंने निरंकुशता की नींव को हिलाने का भी कार्य किया। हिन्दी भाषा स्वयं निरंकुशता के प्रति विद्रोह और हिन्दू तथा मुसलमानों की सांस्कृतिक घुलनशीलता की भाषा है। फारसी और संस्कृत के समान दबाव में हिन्दी भाषा का काव्य बौद्धिक वर्ग का काव्य न होकर उस काल के अराजकों, विद्रोहियों और परिवर्तनकामियों का काव्य है। दरबारों में रचा गया हिन्दी काव्य दूसरों के अन्तःकरण के सुख के लिए था और दरबार के बाहर का काव्य अपने अन्तःकरण के सुख के लिए था। काव्य की इन प्रमुख प्रवृत्तियों की टकराहट का असर बाद में बहुत अच्छा नहीं हुआ। रहीम में इन दोनों प्रवृत्तियों का संतुलित प्रयोग मिलता है। आत्माभिव्यक्ति कला की सामान्य मान्यताओं का निषेध करती और परान्तः सुखाय प्रवृत्ति आत्माभिव्यक्ति को पीछे ढकेलकर कलाभिरुचि वैदग्ध्य और अनेकार्थता को महत्व देती हैं। तुलसी-

दास ने इस टकराहट का सफल इस्तेमाल किया है। रहीम, जायसी और तुलसी की कोशिश को इन दृष्टियों से देखा जाना चाहिए।

खानखाना जिस वातावरण में पले थे वह राजसी ही नहीं था बल्कि कविता प्रेमी था। सामन्ती युग में कविता कलात्मक विनोद का साधन थी। राजदरबार में बैठने की योग्यता इन कलाओं की साधना पर निर्भर थी। कला विदग्धता और व्युत्पत्ति उस युग की बौद्धिकता का अभिलक्षण थी। राजन्यवर्ग को इन कलाओं को सीखना पड़ता था। फारसी संस्कृति और तुर्की काव्य प्रेम ने मिलकर मुगलों को भी काव्य प्रेमी बनाया था। राजा को विभिन्न कलाओं का न केवल ज्ञान होता था बल्कि वह स्वयं निर्माता भी होता था। भारतीय सामन्त परम्परा में भी काव्य क्रिया, छन्द रचना, क्रिया कल्प आदि कलाओं का ज्ञान आवश्यक था। फारसी छन्दों का ज्ञान तत्कालीन शिक्षा का पाठ्यक्रम था। मुगल बादशाह फारसी, संस्कृत, तुर्की और हिन्दी का भलीभाँति ज्ञान रखते थे। वैवाहिक सम्बन्धों, व्यावसायिक और व्यापारिक रिश्तों के कारण अन्तःपुर का वातावरण बहुभाषी था। रहीम की माता कविता करती थीं। बैरम खाँ स्वयं काव्य प्रेमी था। रहीम ने दरबार में शिक्षा ग्रहण की जिसमें तुर्की भाषा के अलावा फारसी और संस्कृत का अध्ययन भी किया था। दक्षिण में रहने से अन्य भाषाओं की भी प्रकृति से वे परिचित थे। महाराज अमर सिंह को दिया गया उनका उत्तर डिंगल में है। रेखता का प्रयोग तो उन्होंने कविता में ही किया है जिसका अम्बिका प्रसाद वाजपेयी ने १४वीं सदी से प्रयोग प्रमाणित किया है। छप्पय के प्रयोग को तो बरवै नायिका भेद के प्रारम्भ में उन्होंने स्वयं ही कहा है। उनके समय में बहुभाषाविद होना विदग्धता का लक्षण था। चमत्कार की दृष्टि से भी वह आवश्यक था। गंग कवि की इस विशेषता की ओर भिखारीदास ने संकेत किया है।

हिन्दी में विभिन्न भाषाओं और शैलियों के प्रयोग की प्रवृत्ति भौगोलिक दूरियों के टूटने और नगरीकरण की द्रुतगामी प्रक्रिया के कारण व्यापारिक सम्बन्धों से पैदा हुई थी। शब्दों के व्यापक प्रयोग एक व्यापक कलामाध्यम और भाषा माध्यम की सम्भावना उत्पन्न करते हैं। रहीम की कविता इस अर्थ में हिन्दी की व्यापक संभावना का प्रमाण ही नहीं है बल्कि उस प्रक्रिया का प्रमाण है जो 'सामान्य भक्तिमार्ग' के रूप में विकसित होकर 'भारतीयता' का विकास कर सकी।

●

रहीम : संतुलन के रचनाकार

आज के इस लाभ केन्द्रित व्यवस्था वाले समाज के बीच खड़े होकर जब हम मध्यकाल की ओर देखते हैं तो हमें आश्चर्य होता है कि भक्तिकाल और रीतिकाल के मध्य से बहती हुई सर्वातिशायी मानव केन्द्रित काव्यधारा और बौद्धिकता का सहज विकास कहाँ, क्यों और कैसे रुक गया ? सामाजिक शक्तियों की टकराहट और मेल से विकसित कबीर, जायसी, रैदास, सूर, तुलसी, रहीम, रसखान और घनानंद आदि का स्वाभाविक लोकनिर्माण आधुनिक काल में विखंडित कैसे हो गया ? मध्यवर्ग के उदय ने आज के समाज में जो परिवर्तन किया, क्या उसकी स्थिति में ही इस प्रकार का तत्व है जो सहज विकास को विखंडित भी करता है। तुलसी और कबीर आखिर रहीम, जायसी, रसखान, नरोत्तमदास आदि की रचनाओं के आधार पर क्या हम उनके सम्प्रदाय और संकीर्णता का अंदाजा लगा सकते हैं ? फिर बाद में ही ऐसा क्यों हो गया कि अनुभव का क्षेत अनुवाद का क्षेत्र हो गया और दीवार खिच गई ? फिलहाल ये इतिहास के महत्वपूर्ण प्रश्न है और निश्चय ही इन प्रश्नों के उत्तरों में साहित्य और संस्कृति की समझ भी निहित है। परन्तु आज रहीम की रचनाओं से अगर ये प्रश्न उठते हैं तो पूरा मध्यकाल हमारे सामने एक इकाई के रूप में खड़ा हो जाता है। रहीम पर लिखते हुए आचार्य शुक्ल ने एक स्थापना की है कि 'जीवन की सच्ची परिस्थितियों के मार्मिक रूप को ग्रहण करने की क्षमता जिस कवि में होगी वही जनता का प्यारा कवि होगा' (हिन्दी साहित्य का इतिहास, पृष्ठ १५०) और निश्चय ही रहीम भारतीय जनता के प्यारे कवि हैं क्योंकि उनके दोहे उसे सीख और सहायता देते हैं। परन्तु सीख और सहायता मात्र कवि बनाने के लिए काफी नहीं है। डा० रामस्वरूप चतुर्वेदी ने नीति के दोहों के उपमा और उदाहरण आदि को पुष्टीकरण के कारण सृजनशीलता का उद्धारक नहीं माना है। नीति या सूक्ति में भाषा का सीधा और उपकरणात्मक प्रयोग होता है सर्जनात्मक उतना नहीं।' वह पूर्व अर्थ को स्पष्ट करता है अर्थ

का साक्षात्कार नहीं (हिन्दी साहित्य और संवेदना का विकास, पृष्ठ ६३)। आनन्दवर्धन ने नीति या सूक्ति को किसी तरह से काव्य स्वीकार किया है। इसे वे वस्तुध्वनि के अन्तर्गत मानते हैं। मध्यकाल में नीति के दोहे प्रबन्ध काव्य के भीतर कई अर्थों का संकेत करते हैं। परन्तु स्वतन्त्र रूप में 'नीति के दोहे' सीमित हो जाते हैं। रहीम के दोहे भी अधिकांशतः नीति के ही हैं। जिनमें सामन्ती जीवन की विवशता और सम्बन्ध भावना ही मिलती है। एक दोहे में रहीम ने कहा भी है कि जो घास बेचकर खाते हैं यानी जो घसियारे हैं उन पर कोई फर्क नहीं पड़ता है लेकिन जिनका सम्बन्ध दरबार से है और जिनकी 'मरजाद' और 'इज्जत' है उन्हें 'पानी रखना पड़ता है' क्योंकि पानी के बिना सब शून्य हो जाता है। जहाँ तक जनता की जबान पर ही रहने वाले कवि का प्रश्न है। यह कहा जा सकता है कि संकट में उपस्थित होनेवाला कवि भारतीय जनता का कवि होता है और रहीम की कविताओं में यह गुण है। इस प्रकार की कविताएँ अधिकांशतः नीति और व्यवहार की ही हों यह आवश्यक नहीं, परन्तु इनकी कविताएँ प्रायः नीति की ही होती हैं। संकट में उपस्थित होना निजत्व के विस्तार से नहीं होता है, बल्कि जनता में निजत्व की पहचान से होता है। रहीम की यही पहचान उनकी विशेषता है। उनके समय में बादशाह द्वारा 'मलि अस शुअरा' यानी कवि सम्राट की उपाधियाँ पाने वाले 'गजाली, फैयाजी, तालिब आदि को आज कौन जानता है कि ये अकबर और जहाँगीर के समय कवि सम्राट थे। वस्तुतः वेदना, पीड़ा, निराशा, दुःख आदि की आँख से देखने से 'जगत्' का अर्थ बदलता नहीं है बल्कि जो पहले नहीं दिखाई पड़ता था वह दिखाई पड़ने लगता है। सत्ता के सर्वोच्च शिखर से जेल के सीखचों तक के गहन अनुभव ने सामन्ती मूल्यों और आस्थाओं के प्रति उनके मन में निराशा उत्पन्न की। सत्ता और जनता के बीच रहीम मध्यस्थ भी थे। उनकी कविताओं में इस मध्यस्थता का दर्शन मिलता है। सत्ता के सत्य का अहसास उनमें जितना गहरा है उतना ही गहरा अनुभव उसकी क्षणिकता का है। बचपन से लेकर मृत्यु पर्यन्त जीवन के हाहाकार का साक्षात्कार करते रहने से रहीम में भी एक प्रकार का त्याग या संन्यासत्व पाया जाता है। यह संन्यासत्व भक्तों के संन्यासत्व से भिन्न है। नमक खाने का बन्धन और निर्बन्ध प्रेम को जितना शायद रहीम जानते रहे होंगे, उतना कोई नहीं। शहरों की संस्कृति और बोध से जब वे गाँव के भोले-भाले किसानों को देखते थे तो उन्हें एक व्यापक अन्तर दिखाई पड़ता था। दरबारों में प्रयुक्त बोली, आचार-विचार, तहज़ीब के भीतर की कृत्रिमता से

प्रतिक्रिया ही उनके बरबै नायिका भेद में मिलती है। यद्यपि यह सौंदर्यदर्शन भी नगरीय बोध से ही प्राप्त है, परन्तु इसमें नवीनता की दीप्ति अवश्य मिलती है। भिन्नता, ताजगी और सहजता के प्रति आकर्षण और मार्मिकता की पहचान प्रकृति और संस्कृति के द्वन्द्व की पहचान है। रहीम की कविताओं में संस्कृति और प्रकृति के द्वन्द्व से उत्पन्न ज्ञानात्मक संवेदन प्राप्त होते हैं। प्रकृति उन्हें एक प्रकार की व्यवहारवादी दार्शनिकता प्रदान करती है, जो मध्यकाल के अधिकांश नीति वचनों का मूलतत्त्व है। रहीम के दोहों में अस्तित्व को बनाए रखने का जो सिद्धान्त प्रतिपादित है उसमें मर्यादा, औचित्य और नियतिवादिता का अद्‌भुत घोल पाया जाता है। मध्यकाल में नीति का प्रयोग व्यवहार कुशलता के लिए हुआ है, रहीम के दोहे इसके प्रमाण हैं। परन्तु नीति के इन दोहों का संदर्भ और गृहीता दोनों ही अमीरों का वर्ग है, जो राजकृपा के साथ ही साथ ऊँचा-नीचा होता रहता है। बच्चे को लेकर संरक्षण के लिए दर-दर भटकते बाबा जंबूर और माँ की कथा से लेकर जहाँगीर के समय जेलखाने की कैद और महावत खाँ द्वारा पोते का सिर काटकर तश्तरी में तरबूज कहकर पेश किए जाने के बीच की अनेक घटनाएँ रहीम की कविताओं में प्राप्त नश्वरता को ही नहीं, बल्कि मध्यकालीन नश्वरता को भी ध्वनित करती हैं। ऐसे वातावरण में नीति के दोहों का पूरा संदर्भ कुलीन वर्ग और कुलीन बनने के इच्छुक लोगों का है। राजकृपा के इच्छुक लोग और राजतंत्र से दूर-दराज तक संबद्ध दास वर्ग भी इसी कोटि में आएंगे, परन्तु जनता का बहुत बड़ा वर्ग इस प्रकार के नीति के दोहों से सीधा संबद्ध नहीं था। इन दोहों में जिनकी संख्या पचास प्रतिशत से अधिक है, सामाजिक जीवन की गहरी समझ और राजनीतिक तथा आर्थिक स्थिति के स्वभाव और अस्थायित्व की भी पहचान है। संकट और विपत्ति को मूल्यांकन के मापदंड के रूप में रहीम के अतिरिक्त अन्य नीतिग्रन्थों में भी लिया गया है। दान महिमा भी मध्यकाल की विशेषता है, क्योंकि दान या ज़कात को हिन्दू और मुसलमान दोनों की सामंती व्यवस्था में एक संस्था का महत्व प्राप्त है। इसको सामंती व्यवस्था का सांस्कृतिक संस्थान कह सकते हैं, जो आर्थिक और सांस्कृतिक दोनों रूपों में प्रभाव डालता है। सल्तनत काल से लेकर मुगलों के समय तक दान देने के असीमित और आश्चर्यचकित करने वाले प्रमाण मिलते हैं। डॉ० अशरफ़ ने इस सम्बन्ध में विस्तृत संकेत किया है। रहीम की दानशीलता, उदारता और गुणग्राहकता की प्रशंसा हिन्दी और फ़ारसी दोनों ही कवियों ने भरपूर की है। आईने अकबरी में ईरान से आने वाले ऐसे कई

कवियों का उल्लेख हुआ है जो रहीम के यहाँ से ही बादशाह के दरबार में गए और कुछ तो रहीम के यहाँ ही रह गए। इस प्रकार के कवियों में निश्चय ही ईरान आदि देशों के ही कवि अधिक थे। 'मआसरेरहीमी' में ऐसे तीन सौ कवियों का उल्लेख है। तुर्की, फ़ारसी, हिन्दी, संस्कृत और फ्रेंच भाषा के रहीम न केवल ज्ञाता थे, बल्कि फारसी, हिन्दी और संस्कृत में तो उनकी रचनाएँ भी मिलती हैं और प्रमाणों के आधार पर यह भी कहा जाता है कि अकबर फ्रांस आदि देशों से रहीम के माध्यम से पत्र व्यवहार करते थे। रहीम की लिखावट सुन्दर और आकर्षक मानी गई है। 'अकबरी दरबार' में उसके अक्षरों की प्रशंसा की गई है।

मध्यकाल में कुलीनतंत्र के बज्म और रज्म दो ही कार्य थे—आमोद-प्रमोद या युद्ध। किसान, कारीगर और सामान्य जनता भुखमरी अनिश्चय और प्राकृतिक आपदाओं की शिकार थी। दिन-रात परिश्रम और किसी तरह जिन्दा रहने की स्थिति और उस पर से अवशिष्ट अन्न आदि का धार्मिक रीति-रिवाजों के द्वारा पूजा स्थलों में शोषण आदि ने उसको 'चेरि छांड़ि अब होब कि रानी' के तर्क से राजसत्ता के बराबर भगवान की समांतर सत्ता का समांतरित विकल्प दे दिया था, जो धर्म और राजसत्ता के संतुलन और दबाव से उत्पन्न हुआ भक्ति संप्रदाय था। सामंती व्यवस्था का यह आभ्यंतरित प्रतिफलन आकांक्षाओं और इच्छाओं का आभ्यंतरीकरण ही नहीं है, बल्कि राजतंत्र और जनता के बीच के सही सम्बन्ध के अभाव का प्रमाण है।

मध्यकालीन साहित्य के अध्ययन से ही हम अपने भारतीय समाज की शक्ति और सीमा समझ सकते हैं। अब्दुल रहीम खानखाना वस्तुतः उस सांस्कृतिक गतिशीलता के प्रमाण हैं जो शक्ति और संकोच के बीच से प्रवाहित हो रही थी और दोनों ही किनारों को अपेक्षाकृत लचीला बना रही थी। रहीम अबुल-फ़ज्ल और बदायूंनी से भिन्न लेखक हैं। उनमें अपने व्यक्तित्व के प्रति सजगता का भाव है। मध्यकाल के सभी रचनाकारों में आत्म-सजगता का ऐसा तेवर मिलता है जो तत्कालीन मनसबदारी व्यवस्था में आश्चर्यजनक लगता है। यह आत्मसजगता अमीर खुसरो की तरह से दो स्तरों पर दो भिन्न रूपों में क्रियाशील दिखाई पड़ती हैं। एक राज दरबार के स्तर पर अपने राजनीतिक हित के प्रति अत्यंत सजग, जिसे इतिहासकारों के अनुसार दरबारों में उनके द्वारा नियुक्त जासूसों से जोड़ा जा सकता है और दूसरी दक्षिण में उनकी राजनीतिक दाँवपेंच, क्योंकि दक्षिण के वे एकमात्र सफल कूटनीतिज्ञ और सेनापति थे।

रहीम की इस आत्म-सजगता का प्रमाण उनके लेखन से भी प्राप्त होता है। दोहे की परिभाषा और शैलियों का चयन स्वयं इस तथ्य का प्रमाण है कि रहीम अपने समय के रचनात्मक विधान के प्रति पूर्ण सजग रचनाकार थे। संस्कृत-फ़ारसी हिन्दी-फ़ारसी और हिन्दी तथा फ़ारसी में लिखित उनकी रचनाओं से अपने समय के भाषिक दबावों के प्रति अत्यंत सजग रचनाकार का व्यक्तित्व उभरता है। संस्कृत की रचनाएँ हिन्दू देवताओं के प्रति विनय की रचनाएँ हैं। वैसे भी रहीम के दोहों के आधार पर यह कहा जा सकता है कि रहीम उस मध्ययुगीन सहज मानवीय रचनात्मक दृष्टि के रचनाकार थे, जो हिन्दू और मुसलमानों को इस महादेश का नागरिक मानकर देवी-देवताओं के नामों और रूपों के नाना भेदात्मक दृष्टियों में एकत्व की खोज से विकसित हो रही थी। मुसलमान और हिन्दू कवियों-लेखकों में, जो किसी संप्रदायविशेष से संबद्ध नहीं थे एक तीसरी परम्परा विकसित की गई जिसमें राम और रहीम सभी एक थे। रहीम ने राग, सरस्वती, गणेश, कृष्ण, सूर्य, शिव-पार्वती, हनुमान और गंगा की स्तुति की है। उनके समय में हिन्दुओं द्वारा 'बिसमिल्लाह' और मुसलमानों द्वारा गणेशाय नमः के प्रमाण हैं। अन्तर्जातीय शाही शादियों से भी संतुलन और घुलावट हो रही थी (दे० दि स्टेट एण्ड रिलीजन इन मुगल इण्डिया—२७५-७६-७७)। मन की मलिनता ही नहीं, शब्दों के मालिन्य को भी भक्ति काल में धोया गया है। उन्हें अनुभूति की आँच में पकाकर नए अर्थों और मंतव्यों के लिए व्यापक मानवीय अर्थ में प्रयुक्त किया गया है। यह प्रक्रिया दरबारी कवियों में एक प्रकार से और लौकिक कवियों में दूसरे प्रकार से मिलती है। रहीम की भाषा में प्रयोग की संत पद्धति नहीं, बल्कि दरबारी पद्धति ही पाई जाती है। यह दूसरी बात है कि वह पद्धति तथ्य के रागानुप्रवेश से उत्पन्न हुई है। यह रहीम के अनुभव की नहीं, उनके संस्कार का ही दबाव है। 'नगर शोभा' और 'बरवै नायिका भेद' में दृष्टि का अन्तर इतना नहीं है, जितना रागात्मकता या मार्मिकता का। विश्वनाथप्रसाद मिश्र ने इसमें अकबर के मीनाबाज़ार का प्रभाव स्वीकार करते हुए भी इसके रहीमरचित होने में संदेह व्यक्त किया है। परन्तु यह नागरभाव रहीम के 'बरवै' में भी है और देव के 'जातिविलास' में भी। अमीर खुसरो का फैज़ाबाद और जायसी का सिंहलद्वीप का बाज़ार वर्णन इस 'नगरशोभा' से बेहतर है। वस्तुतः 'नगरशोभा' और 'खेट कौतुकम' आदि रचनाओं में काव्यत्व नहीं, विदग्धता और क्रीड़ा-प्रवृत्ति है, जो काव्यशास्त्र की शब्दावली में अभ्यास और व्युत्पत्ति का गुण है। लेकिन बरवै में

जो संभवतः उस समय की रचना होगी जब वे जौनपुर के सूबेदार नियुक्त हुए थे, 'मार्मिकता' और जीवनरस की 'परिपूर्णता' है। 'बरवै नायिका भेद' में भारतीय जीवन की इकाई परिवार से संबद्ध जिस दांपत्य प्रेम और अनुभूति का स्वकीया के माध्यम से वर्णन किया गया है वह अर्थ विस्तार की दृष्टि से अप्रतिम है क्योंकि इस प्रकार के बरवै में अर्थ का विस्तार परिधि से केन्द्र की ओर होता है—बाह्यता से आंतरिकता की ओर, जबकि नीति के दोहों में जिनकी संख्या आधे से अधिक है अर्थ का विस्तार आंतरिकता से बाह्यता की ओर है। एक प्रतीतिपर्यवसायी है और एक अर्थ में कलाकृति के स्तर का, तो दूसरा व्यवहार-मूलक।

रहीम का वस्तुबोध आश्चर्यजनक रूप से बहुत व्यापक है। अवधी, ब्रज, फ़ारसी और संस्कृत भाषाओं में समान प्रयोग करनेवाले रहीम को ब्रज और अवधी दोनों काव्य भाषाओं पर समान अधिकार प्राप्त है, जिससे इस काल की संधिकालीन काव्यभाषा का पता चलता है। तुलसीदास और रहीम दोनों इसके प्रमाण हैं, क्योंकि दोनों की अवधी काफ़ी मानक है। रहीम की कविताओं में काव्यभाषा के ब्रज और अवधी दोनों से प्रस्थान का संकेत ही नहीं मिलता, बल्कि हिन्दी काव्यभाषा के वे प्राकरूप भी मिलते हैं जो उस समय के कवियों में नहीं पाए जाते। खड़ीबोली हिन्दी काव्य के भाषिक रूप का जो प्रमाण अफ़ज़ल खां कृत 'बिकट कहानी' में मिलता है, वह रहीम के 'मदनाष्टक' और 'खेट कौतुकम' में देखा जा सकता है। 'जवाहर खड़ा था', 'मैं था गया बाग़ में', 'गुल तोड़ती थी खड़ी' वाक्य हिन्दी काव्य भाषा के विकास की दृष्टि से महत्वपूर्ण हैं। अफ़ज़ल खां और रहीम जहाँगीर के समय में थे और दोनों की भाषा का यह साम्य हिन्दी काव्य भाषा के विकास की ऐसी धारा का संकेत करता है जिसका सम्बन्ध प्रयोग की दृष्टि से मुसलमानों में अधिक प्रचलित था। यह भाषा राजसत्ता के केन्द्रों और बाज़ारों में विकसित हुई थी और मंडियों तथा नगरों की भाषा बन गई थी। कहा जा सकता है कि यह मध्यवर्ग की भाषा बन गई थी। नीति और बरवै को छोड़कर उनकी सभी कविताएँ काव्य की दृष्टि से महत्वपूर्ण नहीं हैं। केवल इन भाषा शैलियों में रचना कर सकने की सामर्थ्य की ही प्रमाण हैं। अकबर के समय में राजदरबार के तर्क से बहुज्ञता अनिवार्यता भी थी और यश, प्रतिष्ठा और पद के स्थायित्व के लिए आवश्यक भी। तुर्की, फ़ारसी, अरबी और हिन्दी के अतिरिक्त बहुत से मनसबदार और विद्वान संस्कृत जानते थे। द्विभाषिकता उस काल की अनिवार्यता थी।

रहीम अपने समय के सांस्कृतिक प्रतिष्ठान थे। पश्चिम और पूरब दोनों की ओर से आनेवाली ज्ञान, विज्ञान, संस्कृति, साहित्य और कला की हवाएँ रहीम को छूकर ही कहीं जाती थीं। यह केवल दान देने की क्षमता के कारण था ऐसा कहना तत्कालीन समाज में दान के राजनीतिक और धार्मिक महत्व को न समझना है। वस्तुतः यह सब रहीम की गुणग्राहकता की शक्ति के फलस्वरूप था। मीर अर्ज़, अतालीक़ और वज़ीर के पदों पर क्रमिक संस्तरण और सेनापतित्व की अद्भुत क्षमता ने उनकी बौद्धिकता और समझदारी में शक्ति और विश्वसनीयता भर दी थी। उनके नीति के दोहों के पीछे इस विश्वसनीयता या प्रामाणिकता का सर्वाधिक महत्व है, इसलिए भी कि रहीम के यहाँ हर भाषा के कवि आते थे। नहीं तो, उस काल में दान देने वाले एक से एक थे, परन्तु कवियों की इज्ज़त करने वाले कम थे। हिन्दी, फ़ारसी और तुर्की कवियों ने रहीम की युद्धवीरता और दानवीरता का वर्णन लगभग कर्ण की ही तरह किया है। उर्फ़ी, हयाती, शैकेबी (इस्फ़हान) अनीस शामलू, नज़ीरी हमदान के मतवी, शरफ़ी, रफ़ीक़ुद्दीन हैदर, अशीरी कामी, हैदरी सामरी, नवाक्, दख़ली जैसे कवियों का रहीम के दरबार में होना अबुलफज़ल द्वारा प्रमाणित है। इन कवियों को अकबर के दरबार में रहीम के माध्यम से ही सौभाग्य प्राप्त हुआ होगा। गंग, केशवदास, मंडन, चामुंडराय के द्वारा रहीम के विषय में जो कुछ भी कहा गया है, वह सब इस तथ्य का प्रमाण है। रहीम के पुस्तकालय में ही लगभग तीन सौ व्यक्ति काम करते थे। चित्रकार माधव और प्रसिद्ध तंबूरावादक उस्ताद मुहम्मद हुसैन और मुहम्मद मूमिन रहीम के दरबार में ही रहते थे। अबुलफ़ज्ल ने आइने अकबरी में जिन कवियों और संगीतज्ञों का उल्लेख किया है, उनमें से अधिकांश रहीम के ही रत्न थे। इसीलिए रहीम को उस काल का सांस्कृतिक प्रतिष्ठान कहा जा सकता है। परन्तु यह प्रतिष्ठान स्वयं अपने प्रतिष्ठापक से भिन्न है, यही आश्चर्य है। रहीम स्वयं अपने संरक्षण और दरबार में रहनेवाले कवियों से भिन्न हैं, क्योंकि उनमें समांतर प्रतिष्ठान के प्रति आकर्षण है। वस्तुतः यह दोहरी जीवनप्रणाली है और इसकी प्रतीति उनकी रचनाओं में भी है। तत्कालीन दरबारी काव्य और लौकिक काव्य का यह अन्तर महत्वपूर्ण है। रहीम दोनों को जानते हैं और इसीलिए दोनों में संतुलन चाहते हैं। मूलतः वे संतुलन के ही रचनाकार हैं और इस दृष्टि से अपने मित्र तुलसीदास के समान ही महत्वपूर्ण हैं।

रहीम की रचनाएँ

रहीम की कौन-कौन सी रचनाएँ हैं ? जो रचनाएँ उनके नाम से मिलती हैं वह रहीम खानखाना की ही हैं या किसी अन्य रहीम की यह भी निश्चय करना कठिन है । जितनी रचनाएँ 'रहीम' या 'रहिमन' छाप से मिलती हैं, इनमें रहीम छाप वाली रहीम की हैं या रहिमन छाप वाली या दोनों ही रहीम की हैं—इसका भी प्रामाणिक और निराकांक्ष उत्तर देना फिलहाल कठिन है । जो रचनाएँ हैं उनमें कितनी रहीम की हैं और कितनी उनके नाम की छाप जोड़कर चला दी गई हैं यह भी निश्चय करना कठिन है । नाम की छाप के बगैर प्राप्त रचनाएँ तो विवादास्पद हैं ही । प्राचीन दोहा संग्रहों, और विभिन्न प्राचीन पुस्तकालयों से प्राप्त कागज पत्रों तथा बहुत बाद की पाण्डुलिपियों से विद्वानों और शोधकर्त्ताओं ने रहीम का संकलन तैयार करने का प्रयत्न किया है । यह निर्विवाद है कि रहीम अपने समय के मात्र ऐसे सेनापति थे जिन्हें राजपूत सैनिकों और बड़हा के सैयदों का विश्वास प्राप्त था और इनके बल पर उन्होंने कई महत्त्वपूर्ण विजयें कीं जो उनके संतुलनकारी और हिन्दुओं का विश्वासपात्र होने का प्रमाण है । खानखाना 'रहीम' नाम से कविता करते थे यह 'मआसिरे रहीमी' और 'आइने अकबरी' से भी प्रमाणित है । गंगा, केशवदास आदि अनेक कवियों के द्वारा की गई उनकी प्रशस्ति भी उनके दानवीर गुणग्राहक और कविता प्रेमी होने का प्रमाण प्रस्तुत करती है । मुसलमान कवियों द्वारा हिन्दी में कविता लिखने की परम्परा, मुगल बादशाह अकबर का हिन्दी प्रेम, बहुत भाषा जानने समझने और उसमें कविता करने का विशेष सम्मान एवं भारतीय मानस में रहीम को कविताओं की परंपरा मंत्रशक्ति आदि उनको हिन्दी कवि सिद्ध करने के लिए काफी हैं । लेकिन रहीम की रचनाओं के प्रतिष्ठित संग्रह-कर्ताओं और विद्वानों की द्विविधा का संकेत कुछ उद्धरणों के द्वारा करना मैं जरूरी समझता हूँ ताकि यह आभास हो सके कि समस्या इतनी आसान नहीं है जितनी समझी जाती है । मायाशंकर याज्ञिक, व्रजरत्नदास और आचार्य

विश्वनाथप्रसाद मिश्र जिन्हें कि प्राचीन पाण्डुलिपियों के ज्ञान, संग्रह और विद्वत्ता का प्रमाण माना जा सकता है उनके उद्धरण इस प्रकार हैं—

'ये सभी संगृहीत दोहे या सभी रचनाएँ रहीम ही कृत हैं, ऐसा हठवश कहा ही नहीं जा सकता और साथ ही इन्हें रहीम कृत बिना विशेष रूप से कारण दिये हुए न मानना भी हठधर्मी है। आशा है कि समय और अन्वेषण आप ही क्रमशः इन्हें अलग करता हुआ स्यात कभी पूरी सतसई पाठकों के मनोरंजनार्थ उपस्थित करें।'

—रहिमन विलास-व्रजरत्नदास, भूमिका

'रहीम रत्नावली' में दिए हुए हम प्रत्येक दोहे को रहीम रचित प्रमाणित नहीं कर सकते। परन्तु जब ये दोहे रहीम के नाम से प्रसिद्ध ही हैं तो जब तक उनके विरुद्ध कोई प्रमाण नहीं मिलता है तब तक रहीम रचित ही मानने चाहिए।'

—रहीम रत्नावली-मायाशंकर याज्ञिक, भूमिका

'जब तक दो चार पुराने हस्तलिखित संग्रह प्राप्त न हों तब तक दावे के साथ यह कहना कि यह दोहा रहीम का है यह दूसरे का है, एक कठिन समस्या है।'

—रहिमन विनोद-पं० अयोध्या प्रसाद शर्मा

पं० विद्यानिवास मिश्र द्वारा सम्पादित रहीम रचनावली में गोविन्द रजनीश ने कई प्राचीन प्रतियों का उल्लेख किया है परन्तु प्राप्ति स्थान और सन सम्वत् नहीं दिया है। संकलन में कई दोहे दो बार आए जो गम्भीरता को प्रमाणित करते हैं।

इस ग्रन्थावली के संकलन में मैंने अब तक प्रकाशित संकलनों का उपयोग अधिक किया है। सम्मेलन संग्रहालय में उपलब्ध सामग्री का जरूर मैंने प्रयोग किया है जिसका प्रायः माया शंकर याज्ञिक, व्रजरत्नदास और अयोध्याप्रसाद आदि ने उल्लेख किया है। इसलिए पाठ संपादन की दृष्टि से इसे भी 'साहित्य समय' (साहित्य में यह प्रचलित है) ही माना जा सकता है। जैसा मैंने पहले ही कहा है कि कुछ भी संदेह से परे नहीं हैं। मआसरे रहीमी में एक भी हिन्दू कवि का रहीम के दरबार में उल्लेख नहीं है। १०५ कवियों की सूची में मुझे कई प्रसिद्ध फारसी कवि जरूर मिले परन्तु एक भी हिन्दी कवि नहीं है, जब कि माधव नाम के एक चित्रकार का उल्लेख हुआ है। प्राचीन ऐतिहासिक ग्रंथों में 'रहीम' के सेनापतित्व, शौर्य विद्वत्ता, गुण ग्राहकता और चालाकी का वर्णन जरूर है। 'मआसिर उल उमरा' में उनकी कविताओं का उल्लेख नहीं

है। 'अकबरी दरबार' जिसमें काफी विस्तृत वर्णन है, रहीम को कवि अवश्य कहा गया है।

रहीम की रचनाओं में भाव साम्य और प्रभाव भी दिखाने की कोशिश रहीम की कृतियों के संकलन कर्त्ताओं ने की है। कबीर, सूर, तुलसी और संस्कृत नीति ग्रंथों से लेकर रहीम के परवर्ती अनेक रचनाकारों जैसे बिहारी, मतिराम, देव आदि की कविताओं से यह भाव साम्य दिखाया गया है। मायाशंकर याज्ञिक, ब्रजरत्नदास डा० समर बहादुर सिंह और विद्यानिवास मिश्र ने संकलनों की पाद टिप्पणियों में ऐसा किया है। शक्ति और व्युत्पत्ति के उस युग में यह आश्चर्य का विषय नहीं है और न इस युग में है। कभी-कभी किसी मूल स्रोत के कारण और कभी नीति तथा वर्णकों की मान्य परम्पराओं के कारण भी ऐसा हुआ है। नीति के दोहे में सामान्यीकरण की प्रवृत्ति अधिक होने के कारण भी ऐसा होता है। मानवीय अनुभव की भावगत स्थायी वृत्तियाँ भी समान स्थितियों में समान अनुभव व्यक्त करती हैं। श्रव्य काव्य की परम्परा और समान सामन्ती प्रवृत्तियाँ भी इस प्रकार की समरूपताओं की कारण है। रहीम की निम्नलिखित रचनाएँ प्रसिद्ध हैं और परम्परा ने इन्हें रहीम कृत माना जाता है।

१—रहीम के दोहे—पं० नकछेद तिवारी 'रहीम द्वारा लिखित सात सौ दोहों की प्रसिद्धि के आधार पर यह मानते हैं कि इन्होंने रहीम सतसई की रचना की थी। परन्तु रहीम सतसई की कोई प्रति प्राप्त नहीं है। तमाम फुटकर दोहों को जोड़ने के बाद भी कुल दोहों की संख्या चार सौ से अधिक नहीं होती है। निश्चय ही इसमें से काफी दोहे कबीर, तुलसी आदि के और कुछ परवर्ती रचनाकारों के थे और कुछ की प्रामाणिकता संदिग्ध है। 'रहिमन विलास' और 'रहीम रत्नावली' के पूर्व रहीम के सौ दोहों के संकलनों की ही प्रथा थी। रहिमन विलास में आठ सोरठों सहित कुल संख्या दो सौ सतासी है। दो सौ उन्यासी दोहे और आठ सोरठे ब्रजरत्नदास ने संकलित किए हैं। साहित्य-सेवा-सदन, काशी से १९८५ वि० में प्रकाशित माया शंकर याज्ञिक के 'रहीम रत्नावली' संकलन में दोहों की दो सौ सत्तर और सोरठों की सात संख्या मिलाकर दो सौ सतहत्तर है। रहिमन विनोद (१९८४ वि०) में दोहों की कुल संख्या दो सौ अड़सठ, समर बहादुर सिंह में सात सोरठों के साथ दो सौ इक्यानवें और विद्यानिवास मिश्र तथा गोविन्द रजनीश द्वारा संपादित 'रहीम ग्रंथावली' में नौ सोरठों के साथ कुल दो सौ निन्यान्नबे है। आचार्य रामचन्द्र शुक्ल ने 'हिन्दी साहित्य

का इतिहास' में लिखा है कि अब तक इनके निम्नलिखित ग्रंथ ही सुने जाते थे— रहीम दोहावली या सतसई बरवै नायिका भेद, श्रृङ्गार सोरठा, मदनाष्टक, । रास पंचाध्यायी । पर भरतपुर के श्रीयुत माया शंकर याज्ञिक ने इनकी और भी रचनाओं का पता लगाया है—जैसे नगर शोभा, फुटकर बरवै, फुटकर कबित सवैये—और रहीम का पूरा संग्रह 'रहीम रत्नावली' के नाम से निकाला है (पृ० १५० इक्कीसवां संस्करण) । शुक्ल जी ने 'सुने जाते थे' शब्द का प्रयोग किया है और याज्ञिक की रचना कृति का उल्लेख किया है । स्वयं शुक्ल जी ने प्रामाणिकता और अप्रामाणिकता का प्रश्न उठाया है ।

शुक्लजी ने जिस दोहावली या सतसई का उल्लेख किया है ऐसी कोई रचना प्राप्त नहीं है । चूंकि दोहों की ही संख्या अधिक है और दोहे भी अधिकांशत: नीति के हैं इसलिए इन्हें किसी कल्पित दोहावली या सतसई का अंश भले माना जाय सुविधा के लिए इन्हें हम रहीम के दोहे कह सकते हैं ।

बरवै नायिका भेद—माया शंकर याज्ञिक के अनुसार यह ग्रंथ सम्पूर्ण प्राप्त है । स्वयं रहीम ने अवधी के इस लोकछन्द के काव्यात्मक महत्व को रेखांकित करते हुए लिखा है कि—

कवित कह्यो दोहा कह्यो, तुलैन छप्पय छंद ।
विरच्यौ यहै विचार कै, यह बरवै रस कंद ।।

बाबा वेणी माधव दास ने 'गुसाईं चरित' में तुलसीदास के 'बरवै रामायण' प्रेरक रहीम के 'रसकंद' बरवै छंद को ही माना है । 'गुसाईं चरित' का निम्नलिखित दोहा इसका प्रमाण है ।

कवि रहीम बरवै रचे, पठये मुनिवर पास ।
लखि तेइ सुन्दर छन्द में रचना कियेउ प्रकास ।।

बाबा वेणी माधव के इस छंद के कारण ही यह कहा जाता है कि तुलसीदास ने रहीम के बरवै की प्रसिद्धि के आधार पर बरवै छंद में रामायण लिखा । परन्तु विश्वनाथप्रसाद मिश्र मानते हैं कि 'रहीम के कुछ बरवै' छंदों में राम चरित मानस के आरम्भ के मंगल सोरठों की अनुकृति सी मिलती है जैसे गणेश वंदना का यह बरवै—

बंदो बिघन बिनासन रिधि सिधि ईस।
निर्मल बुद्धि प्रकासन सिसु ससि सीस।।

इसमें तुलसीदास की वह पद्धति भी गृहीत है जिसके उन्होंने विषम और सम दोनों प्रकार के चरणों में तुकांत मिलाया है (हिन्दी साहित्य का अतीत, भाग २, पृ० ४८९)। मायाशंकर याज्ञिक, व्रजरत्नदास और कृष्ण बिहारी मिश्र ने 'रस शृङ्गार' नामक पाण्डुलिपि का उल्लेख किया है जिसमें परिभाषा मतिराम के रसराज के दोहों में और उदाहरण रहीम के बरवै के दिए गए हैं। इस ग्रन्थ की रचना मतिराम ने स्वयं की होगी यह सम्भावना भी है और नहीं भी। परन्तु मतिराम पर रहीम का प्रभाव अक्षुण्ण है। कृष्ण बिहारी मिश्र ने इसके कई महत्वपूर्ण उदाहरण मतिराम ग्रंथावली में दिये हैं। व्रजरत्नदास ने लिखा है कि समालोचक पत्र (भा० ४ सं० २ सं० १९८५) में यह नवीन संग्रह के नाम से प्रकाशित है। नवीन कवि ने यह संग्रह तैयार किया हो यह सम्भावना व्रजरत्न दास ने व्यक्त की है। क्योंकि नवीन संग्रह करने में विशेष पटु थे। नवीन के संग्रह का अन्तिम दोहा इस प्रकार है।

यह नवीन-संग्रह सुनै जो देखे चितु देय।
बिबिध नायिका नायिकनि जानि भली बिधि लेय।।

रहीम के बरवै की रचना संभवतः उस समय के अनुभव के आधार पर हुई होगी जब वे जौनपुर में थे। यद्यपि वह बहुत थोड़े समय ही रहे लेकिन इतना समय लोक छंद से परिचय के लिए बहुत था। तुलसीदास से सम्वन्ध भी सम्भवतः इसी समय से विकसित हुआ हो। डॉ० माताप्रसाद गुप्त ने 'तुलसीदास' में दक्षिण से बरवै भेजने को असंगत माना है। बहरहाल किम्वदंतियाँ प्रसिद्धि बरवै छंद की लोकप्रियता और अनूठे पन को व्यक्त करती हैं, जिसमें उर्दू शायरी की प्रारंभिक चमत्कृति का भी भाव खोजा जा सकता है। एलियट ने विदेशी भाषा के साहित्य की उपस्थिति को देशी भाषा और साहित्य के विकास के लिए उपयोगी पाया है। फ़ारसी का दबाव हिन्दी के लिए लाभदायक हुआ इसका प्रमाण रहीम ही नहीं जायसी और तुलसी भी हैं।

बरवै—मायाशंकर याज्ञिक और व्रजरत्नदास ने रहीम के ननिहाल मेवात से इसकी हस्तलिखित प्रति की प्राप्ति का उल्लेख किया है। मंगलाचरण के प्रारम्भिक छंद इसे स्वतंत्र ग्रन्थ प्रमाणित करते हैं। याज्ञिक ने इसमें १०१ छंद

माना है। इसके प्रारम्भ में 'श्रीरामोजयति अथ खानखाना कृत बरवै' लिखा है। इसका बारहमासा पूरा प्राप्त नहीं है केवल चार छंद ही हैं।

मदनाष्टक—फ़ारसी हिन्दी, रेखता संस्कृत, मिश्रित भाषा में रचना करने की वैदग्ध्य प्रदर्शन वृत्ति पर आश्रित परम्परा काफी प्राचीन है। मायाशंकर याज्ञिक ने संवत १४०० के लगभग 'शार्ङ्गधर पद्धति' श्रीकंठ के एक मिश्रित छंद का उदाहरण दिया है। अमीर खुसरो का प्रसिद्ध गजल 'जे हाल मिस्की' तो प्रसिद्ध ही है। 'अष्टक' शतक, आदि उस काल की विधाएँ थीं। आनन्द वर्धन ने ऐसे कई काव्यरूपों का उल्लेख किया है जो दरबारों की 'सभा श्रव्यता' के कारण विकसित हुए। अमीर खुसरो, कबीर और संत कवियों की कविताएँ तथा बानियाँ जिस 'भाषा' के विकास का प्राक्रूप प्रस्तुत करती हैं उसमें खड़ी बोली का काव्य भाषा की ओर विकास का प्रारंभिक रूप ध्वनित होता है। मदनाष्टक की मिश्रित भाषा खड़ी बोली और संस्कृत के प्रयोग की परम्परा का निर्वाह नहीं है बल्कि स्वतः एक प्रयोग है। 'रेखता' शब्द का प्रयोग नया जरूर है परन्तु आश्चर्यजनक नहीं है। रहीम का जीवन दक्षिण में ही बीता था जहाँ इसका जन्म हुआ था। अफजल खाँ कृत 'विकट कहानी उर्फ बारहमासा में भी खड़ी बोली का प्राककाव्य भाषा रूप इसी प्रकार है।

याज्ञिक का अनुमान है कि 'मदन सरसिभूयः क्या बला आग लागी' को केदार भट्ट के 'वृत्त रत्नाकर' पर नारायण भट्ट द्वारा सं० १६०२ वि० में लिखी टीका में उद्धृत निम्नलिखित छंद को देखकर समस्या पूर्ति के रूप में एक चुनौती के रूप में रहीम ने प्रयुक्त किया।

"हरनयन हुताश ज्वालया जो जलाया।
रति नयन जलोधे खाक बाकी बहाया॥
तदपि दहति चित्तं माम क्या मैं करूंगी।
मदन सरसि भूयः क्या बला आग लागी॥

प्रकाशित विवरणों और खोज रिपोर्टों के आधार द्वारा इस समय हिन्दी में चार मदनाष्टक प्राप्त हैं।

१—सम्मेलन पत्रिका (संवत् १९७९, भाद्रपद) में प्रकाशित।
२—असनी से प्राप्त।
३—काशी-नागरी प्रचारिणी पत्रिका।
४—माधुरी आषाढ़ १९८५ में प्रकाशित।

मुअज्जमाबाद से प्राप्त अष्टक 'के अन्त में संवत् १८८२ चै वदी ८ ए खानखाना कृत' भी लिखा हुआ है। निश्चय ही यह किसी प्रतिलिपिकार का दिया हुआ समय होगा। यह प्रति भी बहुत प्राचीन नहीं है। भाव प्रवाह और भाषिक एकरूपता की दृष्टि से याज्ञिक का मत सही प्रतीत होता है कि सम्मेलन पत्रिका वाला अष्टक ही अधिक निकट का पाठ होगा। वैसे यह अष्टक संदेह मुक्त पाठ की श्रेणी में नहीं आता है। और यह भी संभव है कि यह रचना खानखाना के नाम से प्रचलित कर दी गई हो। याज्ञिक इसे आरम्भ काल की रचना मानते हैं (रहीम रत्नावली, पृ० ३२) व्रजरत्नदास मुअज्जमाबाद वाले पाठ को प्रमाणित मानकर 'रहिमन विलास' में उसी का संकलन किया है।

रास पंचाध्यायी—'भक्तमाल' की टीका में प्रयुक्त दो पदों के आधार पर संभवतः यह माना जाने लगा कि रहीम ने 'रास पंचाध्यायी' की रचना की थी। ऐसा कोई ग्रंथ अभी तक प्राप्त नहीं है और न पद ही मिले हैं। प्रायः सभी संपादकों ने इस संभावना को अस्वीकार करते हुए इसे फुटकर पद के अन्तर्गत रखा है।

शृङ्गार सोरठा—शृङ्गार के सोरठों के कारण संभवतः इन्हें 'शृङ्गार सोरठ' नामक कल्पित रचना का अंग मान लिया गया है। दोहावली के अन्त में ८ सोरठे हैं और इसके अतिरिक्त चार सोरठे रहीम कृत माने जाते हैं। दोहे-सोरठे जिसमें 'रहीम' या 'रहिमन' छाप न हो उन्हें रहीम कृत मानना मात्र इसी तर्क पर संभव है कि यह प्रमाण भी नहीं है कि वे रहीम कृत क्यों नहीं हैं। इनकी कुल संख्या ६ है।

फुटकर पद—रहीम के प्रारंभिक संग्रहकर्त्ताओं ने विविध छंदों, जिन्होंने प्रयोगवृत्ति के कारण विधा का रूप ले लिया था का प्रयोग किया है। इस प्रकार के विविध प्रयोगों को फुटकर पद के अन्तर्गत रखा गया है। रहीम रत्नावली में ४ घनाक्षरी और ५ सवैया २ पद तथा दो डिंगल में लिखे दोहे हैं।

रहीम काव्य—फ़ारसी संस्कृत और फारसी हिन्दी के सह-प्रयोग के साथ ही रहीम ने संस्कृत और हिन्दी के सहप्रयोग से कुछ रचनाएँ की हैं। इन्हें प्रारम्भिक संकलनकर्त्ता व्रजरत्नदास ने 'रहीम काव्य' शीर्षक के अन्तर्गत स्थान दिया है। रहीम के संस्कृत काव्य के श्लोक का भाव छप्पय में भी व्यक्त किया है। जिसे याज्ञिक ने रहीम काव्य के अन्तर्गत रखा है परन्तु फुटकर पदों के अन्तर्गत रखा जा सकता है।

खेटकौतुकम्—वेंकटेश्वर प्रेस से यह हिन्दी अनुवाद सहित प्रकाशित है। इसमें संस्कृत और फ़ारसी मिश्रित छंद में जातक के भविष्य का विचार है। मूलतः फलित ज्योतिष का ग्रंथ है। यह ग्रंथ अपने समय की प्रवृत्ति के अनुकूल है।

कहा जाता है कि रहीम ने शतरंज पर भी एक ग्रन्थ लिखा था परन्तु वह अप्राप्त है। इन्होंने 'तबकाते बाबरी' का तुर्की से फ़ारसी में अनुवाद करके अकबर को भेंट किया था। इसका उल्लेख उस समय के सभी प्रमाणित ग्रन्थों में है।

नगर शोभा—मायाशंकर याज्ञिक ने माधुरी फाल्गुन ५२ में इस ग्रंथ की हस्तलिखित प्रति की प्राप्ति की सूचना प्रकाशित की थी। इसके अन्त में 'अथ नगर शोभा नवाब खानखाना कृत' लिखा है। इस ग्रंथ के किसी दोहे में रहीम की छाप नहीं है। यह साहित्य का नहीं समाजशास्त्र का ग्रंथ है। इस प्रकार के कामशास्त्रीय ग्रन्थों को लिखने की परम्परा थी देव के 'जाति विलास' और गुलाम नबी के 'रस प्रबोध' में भी इसी प्रकार का वर्णन है। इस ग्रंथ में ६० व्यावसायिक जातियों का उल्लेख है जिनका संबंध सामन्ती परम्परा में ही संभव है। विश्वनाथप्रसाद मिश्र ने इस पर टिप्पणी करते हुए लिखा है कि 'इस प्रकार के वर्णन भारतीय काव्यशिष्टता के विरुद्ध पड़ते हैं और काव्य की सर्वसामान्य शिष्टता से बाह्य हैं। काव्य अजायबघर नहीं है जिसमें देश-विदेश की विभिन्न जातियों की सामग्री इकट्ठी की जाय (हिन्दी साहित्य का अतीत, पृ० ४८८)। याज्ञिक ने 'नगर शोभा' के कुछ दोहों के ही भावों को रहीम द्वारा बरवा छन्द में भी लिखे जाने की संभावना व्यक्त की है। परन्तु उन्होंने अपने संकलन में स्थान नहीं दिया है। इनकी संख्या १६ है। प्रो० इरफान हबीब ने इसे प्रामाणिक ग्रंथ मानकर उद्धृत किया है।

उपर्युक्त शीर्षकों के विश्लेषण से यह नतीजा निकलता है कि दोहावली, बरवै नायिका भेद, नगर शोभा, और खेटकौतुकम् के अतिरिक्त शेष रचनाएँ मूलतः फुटकर ही हैं। और उन्हें फुटकर काव्य के अन्तर्गत रखा जा सकता है। परन्तु सम्पादकों ने छंदों की प्रकृति और भाषा की मिलावट को ध्यान में रखकर अलग-अलग भेद किए हैं।

—सत्य प्रकाश मिश्र

दोहावली

अच्युत चरन तरंगिनी, शिव सिर मालति माल।
हरि न बनायो सुरसरी, कीजो इंदव भाल ।।१।।

अधम बचन ते को फल्यो, बैठि ताड़ की छाँह।
रहिमन काम न आइहै, ये नीरस जग माँह ।।२।।

अनुचित उचित रहीम लघु, करहिं बड़ेन के जोर।
ज्यों ससि के संयोग ते, पचवत आगि चकोर ।।३।।

अनुचित वचन न मानिए, जदपि गुरायसु गाढ़ि।
है रहीम रघुनाथ ते, सुजस भरत को बाढ़ि ।।४।।

अमरबेलि बिन मूल की, प्रतिपालत है ताहि।
रहिमन ऐसे प्रभुहिं तजि, खोजत फिरिए काहि ।।५।।

अमृत ऐसे वचन में रहिमन रिस की गाँस।
जैसे मिसिरिहु में मिली, निरस बाँस की फाँस ।।६।।

अरज गरज माने नहीं, रहिमन ए जन चारि।
रनियाँ, राजा, माँगता, काम आतुरी नारि ।।७।।

अब रहीम मुसकिल पड़ी, गाढ़े दोऊ काम।
साँचे से तो जग नहीं, झूठे मिलें न राम ।।८।।

आदर घटे नरेस ढिग, बसे रहे कछु नाहि।
जो रहीम कोटिन मिले, धिक जीवन जग माहि ।।९।।

आप न काहू काम के, डार पात फल फूल[1]।
औरन को रोकत फिरैं, रहिमन पेड़ बबूल ।।१०।।

आवत काज रहीम कहि, गाढ़े बन्धु सनेह।
जीरन होत न पेड़ ज्यों, थामे वरे बरेह ।।११।।

ऊगत जाही किरन सों, अथवत ताही काँति।
त्यों रहीम सुख दुख सब, बढ़त एक ही भाँति ।।१२।।

एकै साधे सब सधे, सब साधे सब जाय।
रहिमन मूलहि सींचिबो, फूलहि फलहि अघाय।।१३।।

ए रहीम दर दर फिरहिं, माँगि मधुकरी खाहिँ।
यारो यारी छोड़िए, वे रहीम अब नाहिँ ।।१४।।

असमय परे रहीम कहि, माँगि जात तजि लाज।
ज्यों लछमन माँगन गए, पारासर के नाज ।।१५।।

अंजन दियो तो किरकिरी, सुरमा दियो न जाय।
जिन आँखिन सों हरि लख्यो, रहिमन बलि बलि जाय ।।१६।।

अंड न बौड़ रहीम कहि, देखि सचिक्कन पान।
हस्ती ढक्का, कुल्हड़िन, सहें ते तरुवर आन ।।१७।।

अन्तर दाव लगी रहे, धुँआ न प्रगटे सोय।
कै जिय जाने आपनो, जा सिर बीती होय ।।१८।।

---

१. पाठा० मूल पाठा० कूर

उरग तुरग नारी नृपति, नीच जाति हथियार।
रहिमन इन्हें संभारिए, पलटत लगे न बार ॥१९॥

ओछो काम बड़े करें, तो न बड़ाई होय।
ज्यों रहीम हनुमन्त को, गिरिधर कहे न कोय ॥२०॥

करत निपुनई गुन बिना, रहिमन निपुन[1] हजूर।
मानहु टेरत बिटप चढ़ि, मोहि समान को कूर[2] ॥२१॥

कमला थिर न रहीम कहि, यह जानत सब कोय।
पुरुष पुरातन की बधू, क्यों न चंचला होय ॥२२॥

कमला थिर न रहीम कहि, लखत अधम जे कोय।
प्रभु की सो अपनी कहै, क्यों न फजीहत होय ॥२३॥

करम हीन रहिमन लखो, धस्यो बड़े घर चोर।
चिन्तन ही बड़ भाग के, लागत ह्वैगो भोर ॥२४॥

कहि रहीम इक दीप तें, प्रगट सबै दुति[3] होय।
तन सनेह कैसे दुरे, दृग दीपक जरु दोय ॥२५॥

कहि रहीम जग मारियो, नैन बान की चोट।
भगत भगत कोउ बचि गए, चरन कमल की ओट ॥२६॥

कहि रहीम धन बढ़ि घटे, जात धनिक की बात।
घटे बढ़े उनका कहा, घास बेचि जे खात ॥२७॥

---

१. पाठा० गुनी
२. पाठा० यहि प्रकार हम कूर
३. पाठा० निधि

कहि रहीम या जगत से, प्रीति गई दै टेरि।
रहि रहीम नर नीच में, स्वारथ स्वारथ हेरि।।२८।।

कहि रहीम संपति सगे, बनत बहुत बहु रीति।
बिपति कसौटी जे कसे, तेई साँचे मीत।।२९।।

कहु रहीम केतिक रही, केतिक गई बिहाय।
माया ममता मोह परि, अंत चले पछिताय।।३०।।

कहु रहीम कैसे निभै, बेर केर को संग।
ये डोलत रस आपने, उनके फाटत अंग।।३१।।

कहु रहीम कैसे बने, अनहोनी ह्वै जाय।
मिला रहे औ ना मिले, तासों कहा बसाय।।३२।।

काकी महिमा नहिं घटी, पर घर गये रहीम।
धाय समानी उदधि में, गंग नाम भयो धीम[1] ।।३३।।

कागद को सो पूतरा, सहजहिं में घुल जाय।
रहिमन यह अचरज लखो, सोऊ खैंचत बाय।।३४।।

काज परे कछु और है, काज सरे कछु और।
रहिमन भँवरी के भए, नदी सिरावत मौर।।३५।।

काम न काहू आवई, मोल रहीम न लेइ[2]।
बाजू टूटे बाज को, साहेब चारा देइ।।३६।।

---

१. पाठा

कौन बड़ाई जलधि मिलि, गग नाम भो धीम
केहि की प्रभुता नहिं घटी पर घर गए रहीम
(र० र०)

२. पाठा० रह्यो न काहू काम को, सेंत न कोऊ खेइ

काह करों बैकुण्ठ लै, कल्प बृच्छ की छाँह।
रहिमन ढाक सुहावनो, जो गल पीतम बाँह[1] ॥३७॥

काह कामरी पामरी, जाड़ गये से काज।
रहिमन भूख बुझाइए, कैस्यो मिले अनाज ॥३८॥

कुटिलन संग रहीम कहि, साधू बचते नाहिं।
ज्यों नैना सैना करें, उरज उमेठे जाहिं ॥३९॥

कैसे निबहे निबल जन करि सबलन सों बैर।
रहिमन बसि सागर विषे, करत मगर सों बैर[2] ॥४०॥

कोउ रहीम जनि काहु के, द्वार गए पछिताय।
संपति के सब जात हैं, विपति सबै लै जाय ॥४१॥

खरच बढ्यो उद्यम घट्यो, नृपति निठुर मन कीन।
कहु रहीम कैसे जिए, थोरे जल की मीन ॥४२॥

खीरा सिर तें काटिए, मलियत[3] नोंन लगाय।
रहिमन करुए मुखन को, चहियँत यही सजाय ॥४३॥

खैर खून खाँसी खुसी, बैर प्रीति मदपान।
रहिमन दाबे ना दबें, जानत सकल जहान ॥४४॥

---

१. यह दोहा 'शिवसिंह सरोज' में 'अहमद' के नाम से मिलता है।

२. यह दोहा वृन्द सतसई में भी है केवल 'रहिमन' के स्थान पर 'जैसे' प्रयुक्त किया गया है।

३. पाठा० भरिए

गगन चढ़ै फरक्यो फिरै, रहिमन बहरी बाज।
फेरि आइ बन्धन परै, पेट अधम के काज ।।४५।।

गति रहीम बड़ नरन की, ज्यों तुरंग व्यवहार।
दाग दिवावत आपु तन, सही होत असवार ।।४६।।

गरज आपनी आप सो, रहिमन कही न जाय।
जैसे कुल की कुल बधू, पर घर जात लजाय ।।४७।।

गहि सरनागत राम की, भव सागर की नाव।
रहिमन जगत उधार कर, और न कछु उपाव ।।४८।।

गुनतें लेत रहीम जन, सलिल कूपतें काढ़ि।
कूपहु ते कहुँ होत है, मन काहू के बाढ़ि ।।४९।।

गुरुता फबै रहीम कहि, फबि आई है जाहि।
उर पर कुच नीके लगैं, अनत बतौरी आहि ।।५०।।

चढ़िबो मैन तुरंग पर, चलिबो पावक माँहिं।
प्रेम पंथ ऐसो कठिन, सब कोउ निबहत नाहिं ।।५१।।

चरन छुए मस्तक छुए, तेहु नहि छाँड़ति पानि।
हियो छुवत प्रभु छोड़ि दै, कहु रहीम का जानि ।।५२।।

चारा प्यारा जगत में, छाला हित कर लेइ।
ज्यों रहीम आटा लगे, त्यों मृदंग सुरु देइ ।।५३।।

चित्रकूट में रमि रहे, रहिमन अवध नरेस।
जापर विपदा पड़त है, सो आवत यहि देस[1] ।।५४।।

---

१. पाठा०
आए राम रहीम कवि, किए जती को भेष।
जाको विपता परति हैं, सो कटती तुव देस ।।

छिमा बड़ेन को चाहिए, छोटेन को उतपात।
का रहीम हरि को घट्यो, जो भृगु मारी लात ।।५५।।

छोटेन से सोहैं बड़े, कहि रहीम यह लेख[1]।
राहसन को हय बाँधियत, ले दमरी की मेख ।।५६।।

जब लगि जीवन जगत में, सुख दुख मिलन अगोट।
रहिमन फूटे गोट ज्यों, परत दुहुन सिर चोट[2] ।।५७।।

जब लगि वित्त न आपुने, तब लगि मित्त न कोय।
रहिमन अंबुज अंबु बिन, रवि ताकर रिपु होय ।।५८।।

जलहिं मिलाइ रहीम ज्यों, कियों आपु सम छीर।
अगवहिं आपुहि आप त्यों, सकल आँच की भीर ।।५९।।

जहाँ गाँठ तँह रस नहीं, यह रहीम जग जोय।
गँड़ए तर की गाँठ में, गाँठ गाँठ रस होय ।।६०।।

जानि अनीतिहिं जो करे, जागत ही रह सोइ।
ताहि जगाइ बुझाइबो, रहिमन उचित न होइ ।।६१।।

जाल परे जल जात बहि, तजि मीनन को मोह।
रहिमन मछरी नीर को, तऊ न छाँड़ति छोह ।।६२।।

जे गरीब सों हित करे,[3] धनि रहीम वे लोग।
कहा सुदामा बापुरो कृष्ण मिताई जोग ।।६३।।

---

१. पाठा० रेख

२. पाठा०

रहिमन यह संसार में, सब मुख मिलत अगोट।
जैसे फूटे नाद के, परत दुहुन सिर चोट ।।

३. पाठा० को आदरें

जेहि अंचल दीपक दुर्‌यो, हन्यो सो ताही गात।
रहिमन असमय के परे, मित्र शत्रु ह्वै जात ।।६४।।

जेहि[1] रहीम तन मन लियो, कियो हिए बिच मौन।
तासों सुख दुख कहन की, रही बात अब कौन ।।६५।।

जे अनुचितकारी तिन्हें, लगे अंक परिनाम।
लखे उरज उर बेधिए, क्यों न होहि मुख स्याम ।।६६।।

जे रहीम बिधि बड़ किये, को कहि दूषन काढ़ि।
चन्द्र दूबरो कूबरो, तऊ नखत तें बाढ़ि ।।६७।।

जे सुलगे ते बुझि गए, बुझे ते सुलगे नाहिं।
रहिमन दाहे प्रेम के, बुझि बुझि कै सुलगाहिं ।।६८।।

जैसी परै सो सहि रहै, कहि रहीम यह देह।
धरती ही पर परत है, सीत घाम औ मेह ।।६९।।

जो घर ही में घुसि रहैं, कदली सुपत सुडील।
तो रहीम तिन ते भले, पथ के अपत करील ।।७०।।

जो पुरुषारथ ते कहूँ, संपति मिलत रहीम।
पेट लागि बैराट घर, तपत रसोई भीम ।।७१।।

जो बड़ेन को लघु कहे, नहिं रहीम घटि जाहिं।
गिरिधर मुरलीधर कहे, कछु दुख मानत नाहिं ।।७२।।

जो मरजाद चली सदा, सोई तो ठहराय।
जो जल उमगें पार तें, सो रहीम बहि जाय[2] ।।७३।।

---

1. पाठा०—जिहि

2. पाठा०—

तिहि प्रमान चलिबो भलो, जो सब दिन ठहराय।
उमड़ि चले जल पार ते, तो रहीम बहि जाय।।

जो रहीम उत्तम प्रकृति, का करि सकत कुसंग।
चन्दन विष व्यापत नहीं, लपटे रहत भुजंग ।।७४।।

जो रहीम ओछो बढ़ै, तौ अति ही इतराय[1]।
प्यादे सों फरजी भयो, टेढ़ो टेढ़ो[2] जाय ।।७५।।

जो रहीम करिबो हुतो, ब्रज को यही हवाल।
तौ काहे कर पर धर्‌यो गोबर्धन गोपाल[3] ।।७६।।

जो रहीम गति दीप की, कुल कपूत गति सोय।
बारे उजियारो लगै, बढ़े अँधेरो होय ।।७७।।

जो रहीम भाभी कतहुँ, होति आपने हाथ।
राम न जाते हरिन संग, सीय न रावण साथ ।।७८।।

जौ रहीम होती कहूँ, प्रभु गति अपने हाथ।
तो काधों केहि मानतो, आप बढ़ाई राथ ।।७९।।

जौ रहीम मन हाथ है, तो तन[4] कहुँ किन जाहि।
ज्यों जल में छाया परे, काया भीजत नाहि ।।८०।।

जो रहीम दीपक दसा, तिय राखत पट ओट।
समय परे ते होत है, वाही पट की चोट ।।८१।।

---

१. पाठा०—छोटो बढ़े, बढ़त करत उतपात

२. पाठा०— तिरछो तिरछो जात

३. पाठा०—तो कत मातहि दख दियो गिरिवर धर गोपाल

४. पाठा० तनुआ

जो रहीम पगतर परो, रगरि नाक अरु सीस।
निठुरा आगे रोयबो, आँसु गारिबो खीस ॥८२॥

जो रहीम रहिबो चहो, कहौ वही को दाउ।
जो नृप वासर निशि कहे, तो कचपची दिखाउ ॥८३॥

जो विषया संतन तजो, मूढ़ ताहि लपटात।
ज्यों नर डारत वमन कर, स्वान स्वाद सों खात ॥८४॥

ज्यों नाचत कठपूतरी, करम नचावत गात।
अपने हाथ रहीम ज्यों, नहीं आपने हाथ ॥८५॥

टूटे सुजन मनाइए, जो टूटे सौ बार।
रहिमन फिरि फिरि पोहिए, टूटे मुक्ताहार ॥८६॥

तन रहीम है करम बस, मन राखो वहि ओर।
जल में उलटी नाव ज्यों, खैंचत गुन के जोर ॥८७॥

तबहीं लों जीबो भलो, दीबो होय न धीम।
जग में रहिवो कुचित गति, उचित न होय रहीम ॥८८॥

तरुवर फल नहिं खात है, सरवर पियत न पान।
कहि रहीम परकाज हित, संपति-सचहिं सुजान ॥८९॥

तासों ही कछु पाइए, कीजे जाकी आस।
रीते सरवर पर गए, कैसे बुझे पियास ॥९०॥

तैं[1] रहीम अब कौन है, एती खैंचत बाय।
खस काजद को पूतरा, नमी माँहि खुल जाय ॥९१॥

---

१. पाठा० 'त' (र० र०)

तैं[1] रहीम मन आपनो, कीन्हों चारु चकोर।
निसि वासर लाग्यो रहै, कृष्णचन्द्र की ओर ।।९२।।

थोथे बादर क्वार के, ज्यों रहीम घहरात।
धनी पुरुष निर्धन भए, करें पाछिली बात ।।९३।।

थोरो किए बड़ेन की, बड़ी बड़ाई होय।
ज्यों रहीम हनुमन्त को, गिरिधर कहत न कोय ।।९४।।

दादुर, मोर, किसान मन, लग्यो रहै घन माहिं।
पै रहीम चातक रटनि, सरवर को कोउ नाहिं ।।९५।।

दिव्य दीनता के रसहिं, का जाने जग अंधु।
भली विचारी दीनता, दीनबन्धु से बंधु ।।९६।।

दीन सबन को लखत है, दीनहिं लखै न कोय।
जो रहीम दीनहिं लखत, दीनबंधु सम होय ।।९७।।

दीरघ दोहा अरथ के, आखर थोरे आहिं।
ज्यों रहीम नट कुंडली, सिमिटि कूदि चढ़ि जाहिं ।।९८।।

दुख नर सुनि हाँसी करैं, धरत रहीम न धीर।
कही सुनै सुनि सुनि करै, ऐसे वे रघुबीर ।।९९।।

दुरदिन परे रहीम कहि, दुरथल जैयत भागि।
ठाढ़े हूजत घूर पर, जब घर लागति आगि ।।१००।।

दुरदिन परे रहीम कहि, भूलत[2] सब पहिचानि।
सोच नहीं वित हानि को, जो न होय हित हानि[3] ।।१०१।।

---

१. पाठा० त (र० र०)
२. पाठा०—विकल सबै
३. पाठा०—कछुक सोच धनहानि को, बहुत सोच हित हानि

देनहार कोउ और है, भेजत सो दिन रैन।
लोग भरम हमपै धरैं, याते नीचे नैन ॥१०२॥

दोनों रहिमन एक से, जौलों बोलत नाहिं।
जान परत हैं काक पिक, ऋतु बसन्त के माहिं ॥१०३॥

धन थोरो इज्जत बड़ी, कह रहीम का बात।
जैसे कुल की कुल बधू, चिथड़न माँहि समात ॥१०४॥

धन दारा अरु सुतन सों, लग्यो रहै नित चित्त[१]।
नहिं रहीम कोऊ लख्यो, गाढ़े दिन को मित्त ॥१०५॥

धनि रहीम जल पंक को, लघु जिय पियत अघाय।
उदधि बड़ाई कौन है, जगत[२] पिआसो जाय ॥१०६॥

धनि रहीम गति मीन की, जल बिछुरत जिय जाय।
जियत कंज तजि अनत बसि, कहा भौंर को भाय ॥१०७॥

धरती की सी रीत है, सीत घाम औ मेह।
जैसी परे सो सहि रहे, त्यों रहीम यह देह ॥१०८॥

धूर धरत नित सीस पर,[३] कहु रहीम केहि काज।
जेहि रज मुनि पतनी तरी, सो ढूढ़त गजराज ॥१०९॥

नहिं रहीम कछु रूप गुन, नहिं मृगया अनुराग।
देसी स्वान जो राखिए, भ्रमत भूख ही लाग ॥११०॥

नात नेह दूरी भली, जो रहीम जिय जानि।
निकट निरादर होत है, ज्यों गड़ही को पानि ॥१११॥

पाठा० मैं, रहत लगाए चित्त
पाठा० पील
पाठा०—गज रज ढूंढत गलिन में

नाद रीझि तन देत मृग, नर धन देत समेत ।
ते रहिमन पसु ते अधिक, रीझेहुँ कछू न देत ।।११२।।

निज कर क्रिया रहीम कहि, सिधि भावी के हाथ ।
पाँसे अपने हाथ में, दाँव न अपने हाथ ।।११३।।

नैन सलोने अधर मधु, कहु रहीम घटि कौन ।
मीठो भावे लोन पर, अरु मीठे पर लौन ।।११४।।

पन्नगबेलि पतिव्रता, रति सम सुनो सुजान ।
हिम रहीम बेली दही, सत जोजन दहियान ।।११५।।

परि रहिबो मरिबो भलो, सहिबो कठिन क्लेस ।
बामन ह्वै बलि को छल्यो, दियो भलो उपदेश ।।११६।।

पसरि पत्र झंपहि पिर्टाहि, सकुचि देत ससि सीत ।
कहु रहीम कुल कमल के, को बैरी को मीत ।।११७।।

पाँच रूप पांडव भए, रथ बाहक नलराज ।
दुरदिन परे रहीम कहि, बड़े किए घटि काज ।।११८।।

पात पात को सींचिबो, बरी बरी को लौन ।
रहिमन ऐसी बुद्धि को, कहो बरैगो कौन[1] ।।११९।।

पावस देखि रहीम मन, कोइल साधे मौन ।
अब दादुर वक्ता भए, हम को पूछत कौन ।।१२०।।

पूरुष पूजें देवरा, तिय पूजें रघुनाथ ।
कहि रहीम दोउन बने, पड़ो बैल को साथ ।।१२१।।

---

१. पाठा०—ते, काज सरैगो कौन

पीतम[1] छवि नैनन बसी, पर छवि कहाँ समाय।
भरी सराय रहीम लखि, आपु पथिक फिरि जाय[2] ।।१२२।।

बड़ माया को दोष यह, जो कबहूँ घटि जाय।
तो रहीम गरिबो भलो, दुख सहि जिए बलाय ।।१२३।।

बड़े दीन को दुख सुने, लेत दया उर आनि।
हरि हाथी सों कब हुती, कहु रहीम पहिचानि[3] ।।१२४।।

बड़े पेट के मरन को, है रहीम दुख बाढ़ि।
यातें हाथी हहरि कै, दयो दाँत द्वै काढ़ि ।।१२५।।

बड़े बड़ाई नहिं तजैं, लघु रहीम इतराइ।
राइ करौंदा होत है, कटहर होत न राइ ।।१२६।।

बड़े बड़ाई ना करें, बड़ो न बोलें बोल।
रहिमन हीरा कब कहै, लाख टका है मोल ।।१२७।।

बढ़त रहीम धनाढ्य धन, धनौं धनी को जाइ।
घटै बढ़ै वाको कहा, भीख माँगि जो खाइ ।।१२८।।

बरु रहीम कानन बसिय, असन करिय फल तोय।
बंधु मध्य गति दीन ह्वै, बसिबो उचित न होय ।।१२९।।

बसि कुसंग चाहत कुसल, यह रहीम जिय सोस।
महिमा घटी समुद्र की, रावन बस्यो परोस ।।१३०।।

---

१. पाठा०—मोहन, प्रीतम

२. पाठा०—ज्यो, पथिक आय फिरि जाय

३. पाठा०—अरज सुनत लरजै तुरत, गरज मिटाई आनि।
कहि रहीम का दिन हुती, हरि हाथी पहचानि ।।

बाँकी चितवनि चित चढ़ी, सूधी तौ कछु धीम।
गाँसी ते बढ़ि होत दुख, काढ़ि न कढ़त रहीम ।।१३१।।

बिगरी बात बने नहीं, लाख करो किन कोय।
रहिमन बिगरे दूध को, मथे न माखन होय ।।१३२।।

बिपति भए धन ना रहै, रहै जो लाख करोर।
नभ तारे छिपि जात हैं, ज्यों रहीम भे भोर ।।१३३।।

विरह रूप घन तम भए, अवधि आस उद्योत।
ज्यों रहीम भादों निसा, चमकि जात खद्योत ।।१३४।।

भजौं तो काको मैं भजौं, तजौं तो काको आन।
भजन तजन ते बिलग हैं, तेहि रहीम जू जान ।।१३५।।

भलो भयो घर ते छुट्यो, हस्यो सीस परि खेत।
काके काके नवत हम, अपत पेट के हेत ।।१३६।।

भार झोंकि के भार में, रहिमन उतरे पार।
पै बूड़े मझधार में, जिनके सिर पर भार[1] ।।१३७।।

भावी काहू ना दही, दही एक भगवान[2]।
भावी ऐसी प्रबल है, कहि रहीम यह जानि ।।१३८।।

भावी या उनमान की, पांडव बनहिं रहीम।
तदपि गौरि सुनि बांझ, बरु है संभु अजीम ।।१३९।।

---

१. पाठा०—

जाके सिर अस भार, सो कस झोंकत भार आस।
रहिमन उतरे पार, भार झोंकि सब भार में ।।

२. पाठा०—भावी दह्‌ भगवान।

भीत गिरी पाखान की, अररानी वहि ठाम।
अब रहीम धोखो यहै, को लागै केहि काम ।।१४०।।

भूप गनत लघु गुनिन को, गुनी गनत लघु भूप।
रहिमन गिरि तें भूमि लों, लखो तो एकै रूप ।।१४१।।

मथत मथत माखन रहै, दही मही बिलगाय।
रहिमन सोई मीत है, भीर परे ठहराय ।।१४२।।

मनसिज माली की उपज, कहि रहीम नहिं जाय।
फल श्यामा के उर लगे, फूल श्याम उर जाय[1] ।।१४३।।

मन से कहाँ रहीम प्रभु, दृग सों कहाँ दिवान।
देखि दृगन जो आदरैं, मन तेहि हाथ बिकान ।।१४४।।

मनि मानिक मँहगे किये, सहँगे तृन जल नाज।
रहिमन याते कहत हैं, राम गरीब नेवाज ।।१४५।।

महि नभ सर पंजर कियो, रहिमन बल अवसेष।
सो अर्जुन बैराट घर, रहे नारि के भेष ।।१४६।।

मान सरोवर ही मिलैं, हंसनि मुक्ता भोग।
सफरिन भरे रहीम सर, बक बालक नहिं जोग ।।१४७।।

मान सहित विष खाय के, संभु भए जगदीस।
बिना मान अमृत पिये, राहु कटायो सीस ।।१४८।।

माह मास लहि टेसुआ, मीन परे थल और।
त्यों रहीम जग जानिए, छुटे आपने ठौर ।।१४९।।

पाठा०—फूल स्याम के उर लगे, फल श्यामा उर आय।

माँगे घटत रहीम पद, कितौ करो बड़ काम।
तीन पैग बसुधा करी, तऊ बावनै नाम ॥१५०॥

माँगे मुकरि न को गयो, केहि न त्यागियो साथ।
माँगत आगे सुख लह्यो, ते रहीम रघुनाथ ॥१५१॥

मुकता कर करपूर कर, चातक-जीवन जोय[1]।
एतो बड़ो रहीम जल, ब्याल बदन बिस होय[2] ॥१५२॥

मुनि नारी पाषान ही, कपि पसु गुह मातंग।
तीनों तारे रामजू, तीनों मेरे अंग ॥१५३॥

मूढ़ मंडली में सुजन, ठहरत नहीं विसेख।
स्याम कचन में सेत ज्यों, दूरि कीजिअत देख ॥१५४॥

मंदन के मरिहू गए, औगुन गन न सराहि।
ज्यों रहीम बाँधहू बँधे, मरवा ह्वै अधिकाहि ॥१५५॥

यद्यपि अवनि अनेक हैं, कूपवन्त सर ताल।
रहिमन मानसरोवरहिं, मनसा करत मराल ॥१५६॥

यह न रहीम सराहिए, लेन देन की प्रीति।
प्रानन बाजी राखिए, हार होय कै जीत ॥१५७॥

यह रहीम मानै नहीं, दिल से नवा जो होय।
चीता, चोर, कमान के, नए ते अवगुन होय ॥१५८॥

याते जान्यो मन भयो, जरि बरि भसम बनाय।
रहिमन जाहि लगाइये, सो रूखो ह्वै जाय ॥१५९॥

---

1. पाठा०—चातक तृष हर सोय।
2. पाठा०—कुथल परे विष होय।

ये रहीम निज संग लै, जनमत जगत न कोय।
बैर प्रीति अभ्यास बस, होत होत ही होय ।।१६०।।

ये रहीम फीके दुवौ, जानि महा संतापु।
ज्यों तिय कुच आपन गहे, आपु बड़ाई आपु ।।१६१।।

यों रहीम सुख दुख सहत, बड़े लोग सह साँति।
उवत चंद चेहि भाँति सों, अथवत ताही भाँति ।।१६२।।

यों रहीम सुख होत है, उपकारी के अंग।
बाँटनवारे को लगै, ज्यों मेंहदी को रंग ।।१६३।।

रन बन व्याधि विपत्ति में, रहिमन मरै न रोय।
जो रच्छक जननी जठर, सो हरि गए कि सोय ।।१६४।।

रहिमन अति न कीजिए, गहि रहिए निज कानि।
सैंजन अति फूलै तऊ, डार पात की हानि ।।१६५।।

रहिमन अपने गोत को, सबै चहत उत्साह।
मृग उछरत आकास को, भूमी खनत बराह ।।१६६।।

रहिमन अपने पेट सों, बहुत कह्यो समुझाय।
जो तू अनखाये रहे, तो सों को अनखाय ।।१६७।।

रहिमन अब वे विरिछ कहँ, जिनकी छाँह गंभीर।
बागन बिच बिच देखियत, सेंहुड़, कंज, करीर ।।१६८।।

रहिमन असमय के परे, हित अनहित ह्वै जाय।
बधिक वधै मृग बान सों, रुधिरै देत बताय ।।१७९।।

रहिमन अँसुवा नैन ढरि, जिय दुख प्रगट करेइ।
जाहि निकारो गेह तें, कस न भेद कहि देइ ।।१७०।।

रहिमन आंटा के लगे, बाजत है दिन रात।
घिउ शक्कर जे खात हैं, तिनकी कहाँ बिसात ।।१७१।।

रहिमन आलस भजन में, विषय सुखहिं लपटाय।
घास चरै पसु स्वाद तें, गुरु गुलिलाये खाय ।।१७२।।

रहिमन इक दिन वे रहे, बीच न सोहत हार।
वायु जो ऐसी बह गई, बीचन परे पहार ।।१७३।।

रहिमन उजली प्रकृति को, नहीं नीच को संग।
करिया वासन कर गहे, कालिख लागत अंग ।।१७४।।

रहिमन ओछे नरन सों, बैर भलो ना प्रीति।
काटे चाटे स्वान के, दुहूँ[1] भाँति विपरीति ।।१७५।।

रहिमन कठिन चितान ते, चिंता को चित चेत।
चिता दहति निर्जीव को, चिंता जीव समेत ।।१७६।।

रहिमन कबहुं बड़ेन के, नाहिं गरब को लेस।
भार धरे संसार को, तऊ कहावत सेस ।।१७७।।

रहिमन करि सम बल नहीं, मानत प्रभु की धाक।
दाँत दिखावत दीन ह्वै, चलत घिसावत नाक ।।१७८।।

रहिमन कुटिल कुठार ज्यों, करि डारत द्वै टूक।
चतुरन को कसकत रहे, समय चूक की हूक ।।१७९।।

रहिमन को कोउ का करै, ज्वारी चोर लबार।
जो पत राखनहार है, माखन चाखन हार ।।१८०।।

रहिमन खोजे ऊख में, जहाँ रसनि की खानि।
जहाँ गाँठ तहँ रस नहीं, यही प्रीति में हानि ।।१८१।।

---

१. पाठा —दोऊ

रहिमन खोटि आदि की[1], सो परिनाम लखाउ।
जैसे दीपक तम भखै, कज्जल वमन कराय॥१८२॥

रहिमन गली है साँकरी, दूजो ना ठहराहिं।
आपु अहै तो हरि नहीं, हरि तो आपुन नाहिं॥१८३॥

रहिमन घरिया रहँट की, त्यों ओछे की डीठ।
रीतेहि सन्मुख होत है, भरी दिखावै पीठ॥१८४॥

रहिमन खोटी आदि की, सो परिनाम लखाय।
जैसे दीपक तम भखै, कज्जल वमन कराय॥१८५॥

रहिमन गली है साँकरी, दूजो ना ठहराहिं।
आपु अहै तो हरि नहीं, हरि तो आपुन नाहिं॥१८६॥

रहिमन घरिया रहँट की, त्यों ओछे की डीठ।
रीतिहि सन्मुख होत है, भरी दिखावै पीठ॥१८७॥

रहिमन चाक कुम्हार को, माँगे दिया न देइ।
छेद में डंडा डारि कै, चहै नाँद लै लेइ॥१८८॥

रहिमन चुप ह्वै बैठिए, देखि दिनन को फेर।
जब नीकै दिन आइहैं, बनत न लगिहै बेर॥१८९॥

रहिमन छोटे नरन सों, होत बड़ो नहिं काम।
मढ़ो दमामो ना बने, सौ चूहे के चाम॥१९०॥

रहिमन जगत बड़ाइ की, कूकुर की पहिचानि।
प्रीति करै मुख चाटई, बैर करे तन हानि॥१९१॥

---

१. पाठा०—बानि को·······

रहिमन जग जीवन बड़े, काहु न देखे नैन।
जाय दसानन अछत ही, कपि लागे गथ लैन ॥१९२॥

रहिमन जाके बाप को, पानी पिअत न कोय।
ताकी गैल अकास लौं, क्यों न कालिमा होय ॥१९३॥

रहिमन जा डर निसि परै, ता दिन डर सब कोय।
पल पल करके लागते, देखु कहाँ धौं होय ॥१९४॥

रहिमन जिह्वा बावरी, कहिगै सरग पताल।
आपु तो कहि भीतर रही, जूती खात कपाल ॥१९५॥

रहिमन जो तुम कहत थे, संगति ही गुन होय।
बीच उखारी रसमरा, रस काहै ना होय ॥१९६॥

रहिमन जो रहिबै चहै, कहै वाहि के दाव।
जो वासर को[1] निसि कहै, तो कचपची दिखाव ॥१९७॥

रहिमन ठठरी[2] धूर की, रही पवन ते पूरि।
गाँठ युक्ति की खुलि गई, अंत धूरि की धूरि ॥१९८॥

रहिमन तब लगि ठहरिए, दान, मान, सन्मान।
घटत मान देखिय जबहि, तुरतहि करिय पयान ॥१९९॥

रहिमन तीन प्रकार ते, हित अनहित पहिचानि।
परबस परे, परोस बस, परे मामिला जानि ॥२००॥

रहिमन तुग हमसों करी, करी करी जो तीर।
बाढ़े दिन के मीत हो, गाढ़े दिन रघुवीर ॥२०१॥

---

१. पाठा०—जो नृप बासर निसि कहै।
२. पाठा०—गठरी

रहिमन तीर की चोट ते, चोट परे बचि जाय।
नैन बान की चोट तैं, चोट परे मरि जाय[1] ।।२०२।।

रहिमन थोरे दिनन को, कौन करे मुँह स्याह।
नहीं छनन को परतिया, नहीं करन को व्याह ।।२०३।।

रहिमन दानि दरिद्रतर, तऊ जाँचिबे योग।
ज्यों सरितन सूखा परे, कुँआ खनावत लोग ।।२०४।।

रहिमन दुरदिन के परे, बड़ेन किए घटि काज।
पाँच रूप पांडव भए, रथवाहक नलराज ।।२०५।।

रहिमन देखि बड़ेन को, लघु न दीजिए डारि।
जहाँ काम आवै सुई, कहा करै तरवारि ।।२०६।।

रहिमन धागा प्रेम को, मत तोड़ो चटकाय[2]।
टूटे से फिर ना मिले, मिले गाँठ पड़ जाय ।।२०७।।

रहिमन धोखे भाव से, मुख से निकले राम।
पावत पूरन परम गति, कामादिक को धाम ।।२०८।।

रहिमन निज मन की विथा, मन ही राखो गोय।
सुनि अठिलैहैं लोग सब, बाँटि न लैहैं कोय ।।२०९।।

रहिमन निज संपति बिना, कोउ न बिपत्ति सहाय।
बिनु पानी ज्यों जलज को, नहिं रवि सकै बचाय ।।२१०।।

रहिमन नीचन संग बसि, लगत कलंक न काहि।
दूध कलारी कर गहे[3] मद समुझै सब ताहि ।।२११।।

१. पाठा०—धनवन्तरि न बचाय।

२. पाठा०—छिटकाय।

३. पाठा०—दूध कलारिन हाथ लखि;

रहिमन नीच प्रसंग ते, नित प्रति लाभ विकार।
नीर चोरावै संपुटी, मारु सहै घरिआर ।।२१२।।

रहिमन पर उपकार के, करत न यारी बीच।
माँस दियो शिवि भूप ने दीन्हों हाड़ दधीच ।।२१३।।

रहिमन पानी राखिए, बिनु पानी सब सून।
पानी गए न ऊबरे, मोती, मानुष, चून ।।२१४।।

रहिमन प्रीति न कीजिए, जस खीरा ने कीन।
ऊपर से तो दिल मिला, भीतर फाँके तीन ।।२१५।।

रहिमन पैंडा प्रेम को, निपट सिलसिली गैल।
बिछलत पाँव पिपीलिका, लोग लदावत बैल ।।२१६।।

रहिमन प्रीति सराहिए मिले होत रंग दून।
ज्यों हरदी जरदी तजै, तजै सपेदी चून ।।२१७।।

रहिमन व्याह बिआधि है, सकहु तो जाहु बचाय।
पायन बेड़ी पड़त है, ढोल बजाय बजाय ।।२१८।।

रहिमन बहु भेषज करत, व्याधि न छाँड़त साज।
खग मृग बसत अरोग बन, हरि अनाथ के नाथ ।।२१९।।

रहिमन बात अगम्य की, कहन सुनन की नाहिं।
जे जानत ते कहत नहिं, कहत ते जानत नाहिं ।।२२०।।

रहिमन बिगरी आदि की, बनै न खरचे दाम।
हरि बाढ़े आकास लौं, तऊ बावनै नाम ।।२२१।।

रहिमन भेषज के किए, काल जीति जो जात।
बड़े बड़े समरथ भये, तौ न कोउ मरि जात ।।२२२।।

रहिमन मनहि लगाइ कै, देखि लेहु किन कोय।
नर को बस करिबो कहा, नारायन बस होय ।।२२३।।

रहिमन माँगत बड़न की लघुता होत अनूप।
बलि मख माँगन को गए, धरि बावन को रूप ।।२२४।।

रहिमन मारग प्रेम को, मर्मत हीन मझाव[1]।
जो डिगिहै तो फिर कहूँ, नहिं धरने को पाँव[2] ।।२२५।।

रहिमन मैंन तुरंग चढ़ि, चलिबो पावक माँहि।
प्रेम पंथ ऐसो कठिन, सब कोउ निबहत नाँहि ।।२२६।।

रहिमन याचकता गहे बड़े छोट ह्वै जात।
नारायण हू को भयो, बावन आँगुर गात ।।२२७।।

रहिमन यह तन सूप है, लीजै जगत पछोर।
हलुकन को उड़ि जान दै, गरुए राखि बटोर ।।२२८।।

रहिमन यों सुख होत है, बढ़त देखि निज गोत।
ज्यों बड़री अँखियाँ निरखि, आँखिन कौ सुख होत ।।२२९।।

रहिमन रजनी ही भली, पिय सों होय मिलाप।
खरो दिवस केहि काम को, रहिबो आपुहि आप ।।२३०।।

रहिमन रहिबो वा भलो, जौं लौं सील समूच।
सील ढील जब देखिए, तुरत कीजिए कूच ।।२३१।।

रहिमन रहिला की भली, जो परसै चित लाय।
परसत मन मैला करे, सो मैदा जरि जाय ।।२३२।।

---

१. पाठा०—बिन बूझे मति जाव

२. पाठा०—नहीं धरन को पांव

रहिमन राज सराहिए, ससि सम सुखद जो होय।
कहा बापुरो भानु है, तपै तरैयन खोय ॥२३३॥

रहिमन राम न उर धरै, रहत विषय लपटाय।
पशु खर खात सवाद सों, गुर गुलियाए खाय[1] ॥२३४॥

रहिमन रिस को छाँड़िकै, करो गरीबी भेस।
मीठो बोलो, नै चलो, सबै तुम्हारो देस ॥२३५॥

रहिमन रिस सहि तजत नहिं, बड़े प्रीति की पौरि[2]।
मूकन मारत आवई, नींद बिचारी दौरि ॥२३६॥

रहिमन रीति सराहिए, जो घट गुन सम होय।
भीति आप पै डारि कै, सबै पियावै तोय ॥२३७॥

रहिमन लाख भली करो, अगुनी अगुन न जाय।
राग सुनत पय पिअतहूँ, साँप सहज धरि खाय ॥२३८॥

रहिमन वहाँ न जाइए, जहाँ कपट को हेत।
हम तन ढारत ढेकुली, सींचत अपनो खेत ॥२३९॥

रहिमन वित्त अधर्म को जरत न लागै बार।
चोरी करि होरी रची, भई तनिक[3] में छार ॥२४०॥

---

१. पाठा० क. राम नाम नहिं लेत है, रह्यो विषय लपटाय।
घास चरै पसु आप सों, गुड़ गास्यो ही खाय।
ख. कहि रहीम नहिं लेत है, रह्यो विषय लपटाय।
घास चरे पसु आपते, गुड़ लौलाए खाय ॥

२. पाठा० रहिमन बड़ो निरादरे, तजिय न ताकी पौरि।

३. पाठा०—छनिक

रहिमन विद्या बुद्धि नहिं, नहीं धरम जस दान।
भूपर जनम वृथा धरै, पसु बिन पूँछ विषान ।।२४१।।

रहिमन विपदा हू भली, जो थोरे दिन होय।
हित अनहित यँा जगत में, जानि परत सब कोय ।।२४२।।

रहिमन वे नर मर चुके, जे कहुँ माँगन जाहिं।
उनते पहिले वे मुए, जिन मुख निकसत नाहिं ।।२४३।।

रहिमन सुधि सबतें भली, लगै जो बारंबार।
बिछुरे मानुष फिर मिलें, यहै जान अवतार ।।२४४।।

रहिमन सूधी चाल तें प्यादा होत उजीर।
फरजी मीर न ह्वै सकै टेढ़े की तासीर[1] ।।२४५।।

रहिमन सो न कछू गनै, जासों लागो नैन।
सहि के सोच बेसाहियो, गयो हाथ को चैन ।।२४६।।

राम नाम जान्यो नहीं, भइ पूजा में हानि।
कहि रहीम क्यों मानिहैं, जम के किंकर कानि ।।२४७।।

राम नाम जान्यो नहीं, जान्यो सदा उपाधि।
कहि रहीम तिहि आपनो, जनम गंवायो बादि ।।२४८।।

रीति प्रीति सब सों भली, बैर न हित मित गोत।
रहिमन याही जनम की, बहुरि न संगति होत ।।२४९।।

रूप कथा पद चारु पट, कंचन दोहा[2] लाल।
ज्यों ज्यों निरखत सूक्ष्म गति, मोल रहीम बिसाल ।।२५०।।

---

१. पाठा०—फरजी साह न ह्वै सकै, गति टेढ़ी तासीर।
रहिमन सीधे चाल सों, प्यादो होत वजीर ।।

२. पाठ०—दूबा

रूप बिलोकि रहीम तँह, जँह जहँ मन लगि जाय।
थाके ताकहिं आप बहु, लेत छोड़ाय छोड़ाय ।।२५१।।

बरु रहीम कानन भलो, वास करिय फल भोग।
बंधु-मध्य-धनहीन ह्वै बसिबो उचित न योग ।।२५२।।

लिखी रहीम लिलार में, भई आन की आन।
पद कर काटि बनारसी, पहुँचे मगहर थान[1] ।।२५३।।

लोहे की न लोहार की, रहिमन कही विचार।
जो हनि मारै सीस में, ताही की तलवार ।।२५४।।

वहै प्रीति नहिं रीति वह, नहीं पाछिलो हेत।
घटत घटत रहिमन घटै, ज्यों कर लीन्हें रेत ।।२५५।।

विरह रूप घन तम भयो, अवधि आस उद्योत।
ज्यों रहीम भादों निसा, चमकि जात खद्योत ।।२५६।।

सदा नगारा कूच का, बाजत आठो जाम।
रहिमन या जग आइकै, का करि रहा मुकाम ।।२५७।।

सबै कहावैं लसकरी, सब लसकर कहँ जाय।
रहिमन सेल्ह जोई सहै, सो जागीरैं खाय ।।२५८।।

समय दसा कुल देखिकै, सबै करत सनमान।
रहिमन दीन अनाथ को, तुम बिन को भगवान ।।२५९।।

समये परे ओछे वचन, सब के सहै रहीम।
सभा दुसासन पट गहे, गदा लिये रहे भीम ।।२६०।।

---

१. पाठ० मगरू स्थान।

समय पाय फल होत है, समय पाय झरि जात।
सदा रहै नहिं एक सी, का रहीम पछितात ।।२६१।।

समय लाभ सम लाभ नहि, समय चूकि सम चूक।
चतुरन चित रहिमन लगी, समय चूकि की हूक ।।२६२।।

सरवर के खग एक से, बाढ़त प्रीति न धीम।
पै मराल को मानसर, एकै ठौर रहीम ।।२६३।।

सर सूखे पंछी उड़ै, औरै सरन समाहिं।
दीन मीन बिन पच्छ के, कहु रहीम कँह जाहिं ।।२६४।।

स्वारथ रचत रहीम सब, औगुनहूँ जग माँहिं।
बडे बड़े बैठे लखौ, पथ रथ कूबर छाँहिं ।।२६५।।

स्वासह तुरिय जो उच्चरै, तिय है निहचल चित्त।
पूत परा घर जानिये, रहिमन तीन पवित्त[1] ।।२६६।।

साधु सराहै साधुता, जती जोखिता जान।
रहिमन साँचे सूर को, बैरी करे बखान ।।२६७।।

सौदा करो सो करि चलो, रहिमन याही बाट[2]।
फिर सौदा पैहो नहीं, दूर जान है बाट ।।२६८।।

संतत संपति जानि कै सब को सब कछु देत[3]।
दीन बन्धु बिन दीन की, को रहीम सुधि लेत ।।२६९।।

---

१. शिवसिंह सरोज में यह दोहा 'रज्जब' के नाम से दिया गया है।

२. यह 'अहमद' के नाम से भी मिलता है।

३. पाठा० संपति संपतिवान को, सब कोऊ बसु देत।

संपति भरम गँवाइ कै, हाथ रहत कछु नाहिं।
ज्यों रहीम ससि रहत है, दिवस अकासहिं माँहि ।।२७०।।

ससि की सीतल चाँदनी, सुन्दर सबहिं सुहाय।
लगे चोर चित में लटी, घटि रहीम मन आय ।।२७१।।

ससि सुकेस साहस सलिल, मान सनेह रहीम।
बढ़त बढ़त बढ़ि जात है, घटत घटत घटि सीम ।।२७२।।

सीत हरत तम हरत नित, भुवन भरत नहिं चूक।
रहिमन तेहि रवि को कहा, जो घटि लखै उलूक ।।२७३।।

हरि रहीग ऐसी करी, ज्यों कमान सर पूर।
खैंचि आपनी ओर को, डारि दियो पुनि दूर ।।२७४।।

हित रहीम इतनैं करै, जाकी जिती बिसात।
नहिं यह रहै न वह रहे, रहै कहन को बात ।।२७५।।

होत कृपा जो बड़ेन की, सो कदापि घट जाय।
तो रहीम मरिबो भलो, यह दुख सहो न जाय ।।२७६।।

होय न जाकी छाँह ढिग, फल रहीम अति दूर।
बढ़िहू सो बिन काज की, तैसे तार खजूर ।।२७७।।

सोरठा

ओछे को सतसंग, रहिमन तजहु अंगार ज्यों।
तातो जारै अंग, सीरे पै कारो लगै ।।२७८।।

रहिमन कीन्हीं प्रीति, साहब को भावै नहीं।
जिन के अगनित मीत, हमें गरीबन को गनै ।।२७९।।

रहिमन जग की रीति, मैं देख्यो रस ऊख में।
ताहू में परतीति, जहाँ गाँठ तहँ रस नहीं ।।२८०।।

रहिमन नीर पखान, बूड़ैं पै सीझै नहीं।
तैसे मूरख ज्ञान, बूझै पै सूझै नहीं ।।२८१।।

रहिमन बहरी बाज, गगन चढ़ै फिर क्यों तिरै।
पेट अधम के काज, फेर आय बंधन परै ।।२८२।।

रहिमन मोहिं न सुहाय, अमी पियावत मान बिनु।
वरु विष देय बुलाय, मान सहित मरिबो भलो ।।२८३।।

बिन्दु भी सिन्धु समान, को अचरज कासों कहै।
हेरनहार हिरान, रहिमन अपुने आप तें[1] ।।२८४।।

---

१. यह सोरठा 'अहमद' के नाम से भी प्रसिद्ध है।

नगर-शोभा

आदि रूप की परम दुति, घट घट रही समाइ।
लघु मति ते मो मन रसन, अस्तुति, कही न जाइ ।।१।।

नैन तृप्ति कछु होत है, निरखि जगत की भाँति।
जाहि ताहि में पाइयत, आदि रूप की कांति ।।२।।

उत्तम जाती ब्राह्मनी, देखत चित्त लुभाय।
परम पाप पल में हरत, परसत वाके पाय ।।३।।

परजापति परमेश्वरी, गंगा रूप समान।
जाके अंग तरंग में, करत नैन अस्नान ।।४।।

रूप-रंग-रति-राज में, खतरानी इतरान।
मानो रची बिरंचि पचि, कुसुम कनक में सान ।।५।।

परस पाहन की मनो, धरे पूतरी अंग।
क्यों न होय कंचन वहू, जे बिलसै तिहि संग ।।६।।

कबहुँ दिखावै जौहरनि, हँसि हँसि मानक लाल।
कबहुँ चखते च्वै परै, टूटि मुकुत की माल ।।७।।

जद्यपि नैननि ओट है, ब्रिरह चोट बिन घाइ।
पिय उर पीरा ना करै, हीरा सी गड़ि जाइ ।।८।।

कैथिनि कथन न पारई, प्रेम कथा मुख बैन।
छाती ही पाती मनों लिखै मैन की सैन ।।९।।

बरुनि बार लेखनि करै, मसि काजरि भरि लेइ।
प्रेमाक्षर लिखि नैन ते, पिये बाँचन को देइ ।।१०।।

चतुर चितैरनि चित हरै, चख खंजन के भाइ।
द्वै आधौ कति डारई, आधौ मुख दिखराइ ।।११।।

पलक न टारै बदन तें, पलक न मारै मित्र।
नेकु न चित ते ऊतरै, ज्यों कागद में चित्र ।।१२।।

सुरँग बरन बरइन बनी, नैन खवाये पान।
निस दिन फेरैं पान ज्यों, विरही जन के प्रान ।।१३।।

पानी पीरी अति बनी, चन्दन खौरे गात।
परसत बीरी अधर की, पीरी कै ह्वौ जात ।।१४।।

परम रूप कंचन बरन, सोभित नारि सुनारि।
मानों साँचे ढारि कै, बिधिना गढ़ी सुनारि ।।१५।।

रहसनि बहसनि मन हरै, घोर घोर[1] तन लेहि।
औरन को चित चोरि कै, आपुनि चित्त न देहि ।।१६।।

वनियाँइन बनि आइकै, बैठि रूप की हाट।
पेम पेक तन हेरि कै, गरुवे टारत बाट ।।१७।।

गरब तराजू करत चख, भौंह मोरि मुसक्यात।
डाँड़ी मारत विरह की, चित चिन्ता घटि जात ।।१८।।

रँगरेजनि के संग में, उठत अनंग-तरंग।
आनन ऊपर पाइयतु, सुरत अन्त के रंग ।।१९।।

---

१. पाठा०—घेरि घेरि।

मारत नैंन कुरंग तें, मो मन मार मरोर।
आपन अधर सुरंग तें, कामी काढ़त बोर।।२०।।

गत्ति[1] गरूर गयन्द[2] जिमि, गोरे बरन गँवार।
जाके परसत पाइयै, धनवा की उनहार।।२१।।

घरो भरो धरि सीस पर, बिरही देखि लजाइ।
कूक कंठ तैं बाँधि कै, लेजू लै ज्यौं जाइ।।२२।।

भाटा बरन सु कौंजरी, बेचै सोवा साग।
निलजु भई खेलत सदा, गारी दै दै फाग।।२३।।

हरी भरी डलिया निरखि, जो कोई नियरात।
झूठे हू गारी सुनत, साचेहू ललचात।।२४।।

बनजारी झुमकत चलत, जेहरि पहिरैं पाइ।
वाके जेहरि के सबद, बिरही हर जिय जाइ।।२५।।

और बनज व्यौपार को, भाव बिचारै कौन।
लोइन लोने होत है, देखत वाको लौन।।२६।।

बर बाँके माटी भरे, कौंरी बैस कुम्हारि।
द्वै उलटे सरवा मनौ, दीसत कुच उनहारि।।२७।।

निरखि प्रान घट ज्यों रहै, क्यों मुख आवै वाक।
उर मानौं आबाद है, चित्त भ्रमै जिमि चाक।।२८।।

बिरह अगिनि निसिदिन धवै, उठै चित्त चिनगारि।
बिरही जियहिं जराइ कै, करत लुहारि लुहारि।।२९।।

---

१. पाठ० गति।
२. पाठ० गजराज।

राखत मो मन लोह-सम, पारि प्रेम घन टोरि।
बिरह अगिन में ताइकै, नैन नीर में बोरि ॥३०॥

कलवारी रस प्रेम कों, नैननि भरि भरि लेति।
जोबन-मद मांती फिरै, छाती छुवन न देति ॥३१॥

नैनन प्याला फेरि कैं, अधर गजक जब देत।
मतवारे की मति हरै, जो चाहै सो लेत ॥३२॥

परम ऊजरी गूजरी, दह्यौ सीस पै लेइ।
गोरस के मिसि डोलही, सो रस नेक न देइ ॥३३॥

गाहक सों हँसि बिहँसि कै, करत बोल अरु कौल।
पहिले आपुन मोल कहि, कहत दही को मोल ॥३४॥

काछिनि कछू न जानई, नैन बीच हित चित्त।
जोवन जल सींचति रहै, काम कियारी नित्त ॥३५॥

कुच भाटा गाजर अधर, मूरा से भुज पाइ।
बैठी लौकी बेचई, लेटी खीरा खाइ ॥३६॥

हाथ लिये हत्या फिरे, जोबन गरब हुलास।
धरै कसाइन रैन दिन, बिरही रकत पिपास ॥३७॥

नैन कतरनी साजि कै, पलक सैन जब देइ।
बरुनी की टेढ़ी छुरी, लेह छुरी सों टेइ ॥३८॥

हियरा भरै तबाखिनी, हाथ न लावन देत।
सुरवा नेक चखाइ कै, हड़ी झारि सब देत ॥३९॥

अधर सुधर चख चीकनै, वै भरहैं तन गात।[1]
वाको परसो खात ही, बिरही नहिन अघात ॥४०॥

---

१. पाठ० अधर सुधर चख चीकने, दूभर हैं सब गात।

बेलन तिली सुवास कै, तेलिन करै फुलेल।
बिरही दृष्टि कियौ फिरै, ज्यों तेली को बैल।।४१।।

कबहूँ मुख रूखौ किये, कहै जीय की बात।
वाको करुओ बचन सुनि, मुख मीठो ह्वौ जात।।४२।।

पाटम्बर पटइन पहिरि, सेंदुर भरे ललाट।
बिरही नेकु न छाँड़ही, वा पटवा की हाट।।४३।।

रस रेसम बेचत रहै, नैन सैन की सात।
फूँदी पर को फौंदना, करै कोटि जिय घात।।४४।।

भटियारी अरु लच्छमी, दोऊ एकै घात।
आवत बहु आदर करे, जान न पूछै बात।।४५।।

भटियारी उर मुँह करै, प्रेम पथिक को ठौर।
द्यौस दिखावै और की, रात दिखावै और।।४६।।

करै गुमान कमाँगरी, भौंह कमान चढ़ाइ।
पिय कर गहि जब खैंचई, फिर कमान सी जाइ।।४७।।

जोगति है पिय रस परस, रहै रोस जिय टेक।
सूधी करत कमान ज्यौं, बिरह अगिन में सेक।।४८।।

हँसि हँसि मारै नैन सर, वारत जिय बहु पीर।
बोझा ह्वै है उर जात है, तीरगरन को तीर।।४९।।

प्रान सरीकन साल दै, हेरि फेरि कर लेत।
दुख संकट पै काढ़िकै, सुख सरेस में देत।।५०।।

छीपिन छापो अधर को, सुरँग पीक भरि लेइ।
हँसि हँसि काम कलोल में, पिय मुख ऊपर देइ।।५१।।

मानों मूरत मैन की, धरै रंग सुर तंग ।
नैन रँगीले होत हैं, देखत वाको रंग ।।५२।।

सकल अंग सिकलीगरनि, करत प्रेम औसेर ।
करैं बदन दर्पन मनों, नैन मुसकला फेरि ।।५२।।

अंजन चख चन्दन बदन, सोभित सेंदुर मंग ।
अंगनि रंग सुरंग कै, काढ़ै अंग अनंग ।।५४।।

करै न काहू की सका, सक्किन जोबन रूप ।
सदा सरम जल ते भरी, रहै चिबुक कै कूप ।।५५।।

सजल नैन वाके निरखि, चलत प्रेम सर फूट ।
लोक लाज उर धाकते, जात मसक सी छूट ।।५६।।

सुरंग बदन तन गाँधिनी, देखत दृग न अघाय ।
कुच माजू, कुटली अधर, मोचत चरन न आय ।।५७।।

कामेश्वर नैननि धरै, करत प्रेम की केलि ।
नैन माहिं चोवा भरे, छोरन माहि फुलेलि ।।५८।।

राज करत रजपूतनी, देस रूप के दीप ।
कर घूँघट पट ओट कै, आवत पियहि समीप ।।५९।।

सोभित मुख ऊपर धरै, सदा सुरत मैदान ।
छूटी लटै बँदूकची, भौहें रूप कमान ।।६०।।

चतुर चपल कोमल बिमल, पग परसत सतराइ ।
रस ही रस बस कीजियै, तुरकिन तरकि न जाइ ।।६१।।

सीस चूँदरी निरख मन, परत प्रेम के जार ।
प्रान इजारै लेत है, वाकी लाल इजार ।।६२।।

जोगिन जोग न जानई, परै प्रेम रस माहिं ।
डोलत मुख ऊपर लिये, प्रेम जटा की छाँहि ।।६३।।

मुख पै बैरागी अलक, कुच सिंगी विष बैन ।
मुदरा धारै अधर कै, मूँदि ध्यान सों नैन ।।६४।।

भाटिन भटकी प्रेम की, हट की रहै न गेह ।
जोबन पर लटकी फिरै, जोरत तरक सनेह ।।६५।।

मुक्त माल उर दोहरा, चौपाई मुख लौन ।
आपुन जोबन रूप की, अस्तुति करै न कौन ।।६६।।

लेत चुराये डोमनी, मोहन रूप सुजान ।
गाइ गाइ कछु लेत है, वाँकी तिरछी तान ।।६७।।

नेकु न सूधे मुख रहै, झुकि हँसि मुरि मुसक्याइ ।
उपपति की सुनि जात हैं, सरबस लेइ रिझाइ ।।६८।।

चेरी माँती मैन की, नैन सैन के भाइ ।
संक-भरी जँमुवाइ कै, भुज उठाय अँगराइ ।।६९।।

रंग रंग राती फिरै, चित्त न लावै गेह ।
सब काहू तें कहि फिरै, आपुन सुरत सनेह ।।७०।।

बाँस चढ़ी नट बंदनी, मन बाँधत लै बाँस ।
नैन बैन की सैन तें, कटत कटाछन साँस ।।७१।।

अलबेली अद्भुत कला, सुध बुध ले बरजोर ।
चोरि चोरि मन लेत है, ठौर ठौर तन तोर ।।७२।।

बोलन पै पिय मन बिमल, चितवति चित्त समाय ।
निस बासर हिंदू तुरकि, कौतुक देखि लुभाय ।।७३।।

लटकि लेइ कर दाइरौ, गावत अपनी ढाल ।
सेत लाल छबि दीसियतु, ज्यों गुलाल की माल ।।७४।।

कंचन से तन कंचनी, स्याम कंचुकी अंग ।
भाना भामैं भोरही, रहै घटा के संग ।।७५।।

नैननि भीतर नृत्य कै, सैन देत सतराय ।
छबि तै चित्त छुड़ावही, नट के भाइ दिखाय ।।७६।।

हरि गुन आवज केसवा, हिंसा बाजत काम ।
प्रथम बिभासै गाइकै, करत जीत संग्राम ।।७७।।

प्रेम अहेरी साजि कै, बाँध पर्‌यौ रस तान ।
मन मृग ज्यों रीझे नहीं, तोहि नैन के बान ।।७८।।

मिलत अंग सब माँगना,[1] प्रथम माँन मन लेइ ।
घेरि घेरि उर राखही, फेरि फेरि नहिं[2] देइ ।।७९।।

वहु पतंग जारत रहै, दीपक बारैं देह ।
फिर तन गेह न आवही, मन जु चैटुवा लेह ।।८०।।

प्रान पूतरी पातुरी, पातुर कला निधान ।
सुरत अंग चित चोरई, काय पाँच रस बान ।।८१।।

उपजावै रस में बिरस, बिरस माहिं रस नेम ।
जो कीजै विपरीत रति, अतिहि बढ़ावत प्रेम ।।८२।।

कहै आन की आँन कछु, विरह पीर तन ताप ।
औरे गाइ सुनावई, औरे कछू अलाप ।।८३।।

---

१. पाठा०—अगना
२. पाठा०—उर

जुँकिहारी जौबन लिये, हाथ फिरै रस हेत।
आपुन मास चखाइ कै, रकत आन को लेत ।।८४।।

बिरही के उर में गड़ै, स्याम अलक की नोक।
बिरह पीर पर लावई, रकत पियासी जोंक ।।८५।।

बिरह बिथा खटकिन कहै, पलक न लावै रैन।
करत कोप बहु भाँत ही, धाइ मैन की सैन ।।८६।।

बिरह बिथा कोई कहै, समझै कछू न ताहि।
वाके जोबन रूप की, अकथ कथा कछु आहि ।।८७।।

जाहि ताहि के उर गड़ै, कुंदी बसन मलीन।
निस दिन वाके जाल में, परत फँसत मन मीन ।।८८।।

जो वाके अँग संग में, धरै प्रीत की आस।
वाको लागै महिमही, बसन बसेधी बास ।।८९।।

सबै अंग सवनीगरनि, दीसत मन न कलंक।
सेत बसन कीने मनो, साबुन लाइ मतंक (ग) ।।९०।।

बिरह बिथा मन की हरै, महा विमल ह्वै जाइ।
मन मलीन जो धोवई, बाको साबुन लाइ ।।९१।।

थोरे थोरे कुच उठी, थोपिन की उर सीव।
रूप नगर में देत है, मैन मँदिर की नीव ।।९२।।

करत बदन सुख सदन पै, घूँघट नेतन छाँह।
नैननि मूँदे पग धरै, भौहन आरे माँह ।।९३।।

कुन्दन सी कुन्दीगरिन, कामिनि कठिन कठोर।
और न काहू की सुनै, अपने पिय के सोर ।।९४।।

पगहि मौगरी सी रहै, पैम बज्र बहु खाइ।
रँग रँग अंग अनंग के, करै बनाइ बनाइ ॥९५॥

धुनियाइन धुनि रैनि दिन, धरै सुरति की भाँति।
वाकौ राग न बूझही, कहा बजावै ताँति ॥९६॥

काम पराक्रम जब करै, छुवत नरम हो जाइ।
रोम रोम पिय के बदन, रूई सी लपटाइ ॥९७॥

कोरिन कूर न जानई, पेम नेम के भाइ।
बिरही वाके भौंन में, ताना तनत भजाइ ॥९८॥

बिरह भार पहुँचै नहीं, तानी बहै न पेम।
जोबन पानी मुख धरै, खैंचे पिय के नैन ॥९९॥

जोबन दुति[1] पिय दबगरिन, कहत पीय के पास।
सो मन और न भावई, छाँड़ि तिहारी बास ॥१००॥

भरी कुपी कुच पीन की, कंचुक में न समाइ।
नव सनेह असनेह भरि, नैन कुपा ढरि जाइ ॥१०१॥

घेरत नगर नगारचिन, बदन रूप तन साजि।
घर घर वाके रूप को, रह्यो नगारा बाजि ॥१०२॥

पहनै जो बिछुवा-खरी, पिय के सँग अँगरात।
रति पति की नौबत मनो, बाजत आधी रात ॥१०३॥

मन दल मलै दलालनी, रूप अंग के भाइ।
नैन मटकि मुख की चटकि, गाँहक रूप दिखाइ ॥१०४॥

---

१. पाठा०—युत

लोक लाज कुल काँनि तैं, नहीं सुनावति बोल।
नैननि सैननि में करै, बिरही जन को मोल ।।१०५।।

निस दिन रहै ठठेरनी, झाजे माजे गात।
मुकता वाके रूप को, थारी पै ठहरात ।।१०६।।

आभूषन बसतर पहिरि, चितवत पिय मुख ओर।
मानो गढ़े नितम्ब कुच, गडुवा ढार कठोर ।।१०७।।

कागद से तन कागदिन, रहै प्रेम के पाइ।
रीझी भीजी मैन जल, कागद सी सिथलाइ ।।१०८।।

मानो कागद की गुड़ी, चढ़ी सु प्रेम अकास।
सुरत दूर चित खैंचई आइ रहै उर पास ।।१०९।।

देखन के मिस मसिकरिन, पुनि भर मसि खिन देत।
चख टौना कछु डारई, सूझै स्याम न सेत ।।११०।।

रूप जोति मुख पै धरै, छिनक मलीन न होत।
कच मानो काजर परै, मुख दीपक की जोत ।।१११।।

बाजदारनी बाज पिय, करै नहीं तन साज।
बिरह पीर तन यौं रहै, जर झकिनी जिमि बाज ।।११२।।

नैन अहेरी साजि कै, चित पंछी गहि लेत।
बिरही प्रान सचान को, अधर न चाखन देत ।।११३।।

जिलोदारनी अति जलद, बिरह अगिन कै तेज।
नाक न मौरै सेज पर, अति हाजर महि भेज ।।११४।।

औरन को घर सघन मन, चलै जु घूँघट माँहि।
वाके रंग सुरंग की, जिलोदार पर छाँहि ।।११५।।

सोभा अंग भँगेरनी, सोभित माल गुलाल।
पना पीसि पानी करै, चखन दिखावै लाल।।११६।।

काहू अधर सुरंग धरि, प्रेम पियालो देत।
काहू की गति मति सुरत, हरुवैई हरि लेत।।११७।।

बाजीगरिन बजार में, खेलत बाजी प्रेम।
देखत बाको रस रसन, तजत नैन व्रत नेम।।११८।।

पीवत वाको प्रेम रस, जोई सो बस होइ।
एक खरे घूमत रहै, एक परे मत खोइ।।११९।।

चीतावानी देखि कै, बिरही रहै लुभाइ।
गाड़ी को चीतो मनो, चलै न अपने पाय।।१२०।।

अपनी बैसि गरूर ते, गिनै न काहू मित्त।
लाक दिखावत ही हरै, चीता हू को चित्त।।१२१।।

कठिहारी उर की कठिन, काठपूतरी आहि।
छिनक न पिय सँग ते टरै, बिरह फँदै नहिं ताहि।।१२२।।

करै न काहू को कह्यो, रहे कियै हिय साथ।
गिरही को कोमल हियो, क्यों न होइ जिमि काठ।।१२३।।

घासिनि थोरे दिनन की, बैठी जोबन त्यागि।
थोरे ही बुझ जात है, घास जराई आगि।।१२४।।

तन पर काहू ना गिनैं, अपने पिय के हेत।
हरवर। बेड़ो बैस को, थोरे ही को देत।।१२४।।

रीझी रहै डफालिनी, अपने पिय के राग।
ना जानै संजोग रस, ना जानै बैराग।।१२६।।

अनमिल बतियाँ सब करै, नाहीं मलिन सनेह।
डफली बाजै बिरह की, निस दिन वाके गेह ।।१२७।।

बिरही के उर में गड़ै, गड़िवारिन को नेह।
शिव बाहन सेवा करै, पावै सिद्धि सनेह ।।१२८।।

पैम पीर वाकी जनौ, कंटकहू न गड़ाइ।
गाडी पर बैठे नहीं, नैननि सों गड़ि जाइ ।।१२९।।

बैठी महत महावतिन, धरै जु आपुन अंग।
जोबन मद में गलि चढ़ी, फिरै जु पिय के संग ।।१३०।।

पीत काँछि कंचुक तियन, बाला गहे कलाव।
जाहि ताहि मारत फिरै, अपने पिय के ताव ।।१३१।।

सरवानी विपरीत रस, किय चाहै न डराइ।
दुरै न बिरही को दुखौ,[1] ऊँट न छाग समाइ ।।१३२।।

जाहि ताहि को चित हरै, बाँधै पैम कटार।
चित आवत गहि खैंचई, भरि कै गहै मुहार ।।१३३।।

नालबंदिनी रैन दिन, रहै सखिन के नाल।
जोबन अंग तुरंग की, बाँधन देइ न नाल ।।१३४।।

चोली माँहि चुगावई, चिरवादारिन चित्त।
फेरत वाके गात पर, काम खरहरा नित्त ।।१३५।।

सारी निस पिय सँग रहै, प्रेम अग आधीन।
मूठी माहि दिखावही, बिरही को कटि खीन ।।१३६।।

---

१. पाठा०—विरही को दुर्यो

धोबिन लुबदी प्रेम की, ना घर रहै न घाट।
देत फिरै घर घर बगर, लुगरा धरै लिलाट ।।१३७।।

सुरत अंग मुख मोर कै, राखै अधर मरोर।
चित्त गदहरा ना हरै, बिन देखै वा ओरि ।।१३८।।

चोरत चित्त चमारिनी, रूप रंग के साज।
लेत चलायें चाम के, दिन द्वै जोबन राज ।।१३९।।

जावै क्यों नहि नेम सब, होइ लाज कुल हानि।
जो वाके संग पौढ़ई, प्रेम अघोरी तानि ।।१४०।।

हरी भरी गुन चूहरी, देखत जीव कलंक।
वाके अधर कपोल को, चुवौ परै जिमि रंग ।।१४१।।

परमलता सी लहलही, धरै पेम संयोग।
कर-गहि गरै लगाइयै, हरै विरह को रोग ।।१४२।।

बरवै नायिका भेद

कवित कह्यो दोहा कह्यो, तुलै न छप्पय छंद।
विरच्यो यहै विचार कै, यह बरवै रस कंद ।।१।।

मङ्गलाचरण

बंदौ देवि सरदवा, पद कर जोरि।
बरनत काव्य बरैवा, लगै न खोरि ।।२।।

उत्तमा

लखि अपराध पियरवा, नहिं रिस कीन।
बिहँसत चनन चउकिया, बैठक दीन ।।३।।

मध्यमा

बिनु गुन पिय उर हरवा, उपरयो हेरि।
चुप ह्वै चित्र पुतरिया, रहि मुखि फेरि ।।४।।

अधमा

बेरिहि बेरि गुमनवा[1] जनि करु नारि।
मानिक औ गजमुकता, जौ लगि बारि ।।५।।

स्वकीया

रहत नयन के कोरवा, चितवनि छाय।
चलत न पग पैजनियाँ, मग अहटाय[2] ।।६।।

---

१. पाठा०—बार बार गुन मनवा,

२. पाठा०—ठहराय

मुग्धा

लहरत लहर लहरिया, लहर बहार।
मोतिन जरी किनरिया, बिथुरे बार ।।७।।

लागे आन नवेलियहिं, मनसिज बान।
उकसन लाग उरोजवा, दृग तिरछान ।।८।।

अज्ञात यौवना

कवन रोग दुँहु छतिया, उपजे आय।
दुखि दुखि उठै करेजवा, लगि जनु जाय[1] ।।९।।

ज्ञात यौवना

औचक आइ जोवनवाँ, मोहि दुख दीन।
छुटिगा संग गोइयवाँ, नहिं भल कीन ।।१०।।

नवोढ़ा

पहिरति चूनि चुनरिया, भूषन भाव।
नैननि देत कजरवा, फूलनि चाव ।।११।।

विश्रब्ध नवोढ़ा

जंघन जोरत गोरिया, करत कठोर।
छुवन न पावै पियवा, कहुँ कुच कोर ।।१२।।

मध्यमा

ढीलि आँख जल अँचवत, तरुनि सुभाय।
धरि खसकाइ घइलना, मुरि मुसकाय ।।१३।।

---

1. पाठा०—लाय

प्रौढ़ा रतिप्रीता

भोरहि बोलि कोइलिया, बढ़वति ताप।
घरी एक घरि अलिया,[१] रह चुप चाप।।१४।।

परकीया

सुनि धुनि[२] कान मुरलिया, रागन भेद।
गैल न छाँडत गोरिया, गनत न खेद।।१५।।

ऊढ़ा

निस दिन सास ननदिया, मोहि घर घेर[३]।
सुनत न देत मुरलिया, मधुरी[४] टेर।।१६।।

अनूढ़ा

मोहिं बर जोग कन्हैया, लागौं पाँय।
तुहुँ कुल पूज देवतवा[५], होउ सहाय।।१७।।

भूत सुरति संगोपना

चूनत फूल गुलबवा, डार कटील।
टुटिगो बन्द अँगियवा, फट पट नील।।१८।।

अब नहिं तोहिं पढ़ावों[६], सुगना सार।
परिगो दाग अधरवा, चोंच चोटार।।१९।।

---

१. पाठा०—अलवा घरि घरि एक घरि अवस
२. पाठा०—सुनि
३. पाठा०—हेर
४. पाठा०—बाधन
५. पाठा०—तुमको पूजउं देवतवा
६. पाठा०—आयेसि कवनेउ ओरवा

वर्त्तमान सुरति गोपना

मैं पठयेउँ जिहि कमवाँ, आयेस साध।
छुटिगो सीस को जुरवा, कसि के बाँध ।।२०।।

मुहि तोहिं हरबर आवत, भा पथ खेद।
रहि रहि लेत उससवा, वहत प्रसेद ।।२१।।

भविष्य सुरति गोपना

होइ कत कारि बदरिया, बरखहि पाथ।
जैहो घन अमरैया, सगुना[1] साथ ।।२२।।

जैहौं चुनन कुसमियाँ, खेत बड़ दूर।
नआ[2] केर छोहरिया, मोहि सँग कूर ।।२३।।

क्रिया विदग्धा

बाहिर लैके दियवा, बारन जाय।
सासु ननद ढिग पहुँचत, देत बुझाय ।।२४।।

वचन विदग्धा

थोरेसि[3] नाक नथुनियाँ, मित हित नीक।
कहति नाक पहिरावहु, चित दै सींक ।।२५।।

लक्षिता

आज नयन के कोरवा,[4] औरै भाँति।
नागर नेह नवेलिया, मूँदि न[5] बात ।।२६।।

---

1. पाठा०—संग न
2. पाठा०—हरिआ
3. पाठा०—तनिकै
4. पाठा०—कजरा
5. पाठा०—सुदिने

अन्य सुरति दुखिता

बालम अस मन मिलियउँ, जस पय पानि।
हन्सिन भइल सवतिया, लइ विलगानि ।।२७।।

प्रेम गर्विता

आपुहि देत कजरवा,[1] गूँथत हार।
चुनि पहिराव चुनरिया, प्रान अधार ।।२८।।

अकरन पाय जवकका, नाइन दीन।
मुहि पग आगर गोरिया, आनन कीन[2] ।।२९।।

रूप गर्विता

खीन मलिन बिखभैया औगुन तीन।
मोहिँ कहत विधु-वदनी, पिय मति हीन ।।३०।।

रातुल भयेसि सुगउवा, निरस पखान।
यह मधु भरल अधरवा, करसि गुमान ।।३१।।

प्रथम अनुसयाना

धीरज धरु किन गोरिया, करि अनुराग।
जात जहाँ पिय देसवा घन वन बाग ।।३२।।

जनि मरु रोय दुलहिया कर मन ऊन।
सघन कुंज ससुररिया औ घर सून ।।३३।।

द्वितीय अनुसयाना, भावी संकेत नष्टा

जमुना तीर तरुनिअहिँ लखि भो सूल।
झरि गो रूख बेइलिया, फूलत न फूल ।।३४।।

---

१. पाठा०—नवकवा

२. पाठा०—तुम्हें अगोरत गोरिया न्हान न कीन।
पिउ कह चन्द बदनियाँ हिय मति हीन ।।

ग्रीषम दवत दवरिया, कुंज कुटीर।
तिमि तिमि तकत तुरुनि-अहिँ, बाढ़ी पीर।।३५।।

तृतीय अनुसयाना, रमणगमना

मितवा करत बँसुरिया, सुमन सपात।
फिरि फिरि तकत तरुनियाँ, मन पछतात।।३६।।

मित उत तें फिरि आयेउ, देखु न राम।
मैं न गई अमरैया, लहेउ न काम।।३७।।

मुदिता

नेवते गइल ननदिया, मैके सासु।
दुलहिन तोर खबरिया, आवै आसु।।३८।।

जैहों कालिह नेवतवा भो दुख दून।
गाँव करेसि रखवरिया, सब घर सून।।३९।।

कुलटा

जस मद मातल हथिया, हुमकत जाय।
चितवति जात तरुनियाँ, मन मुसकाय।।४०।।

चितवति ऊँच अटरिया, दहिने बाम।
लाखन लखत बिछियवा, लाखि सकाम।।४१।।

सामान्या गणिका

लखि लखि धनिक नयकवा, बनवत भेष।
रहि गइ हेरि अरसिया, कजरा रेख।।४२।।

मुग्धा प्रोषितपतिका

कासों कहौं सँदेसवा पिय परदेस।
लागेहु चइत न फूले तेहि बन टेसु।।४३।।

मध्या प्रोषित पतिका

का तुम जुगुल तिरियवा, झगरति आय।
पिउ बिन मनहुँ अटरिया, मुहि न सुहाय ।।४४।।

प्रौढ़ा प्रोषित पतिका

तैं अब जासि बेइलिया, बरु जरि मूल।
विनु पिय सूल करेजवा, लखि तुअ फूल ।।४५।।

या झर में घर घर में, मदन हिलोर।
पिय नहिं अपने कर में, करमै खोर ।।४६।।

मुग्धा खंडिता

सखि सिख मान नवेलिया, कीन्हेसि मान।
पिय लखि कोप भवनवा, ठानेसि ठान ।।४७।।

सीस नवाय नवेलिया, निचवई जोय।
छिति खनि छोर छिगुनिया, सुसुकति रोय ।।४८।।

मध्या खण्डिता

गिरि गइ पीय पगरिया, आलस पाइ।
पवढहु जाइ बरोठवा, सेज उसाइ ।।४९।।

पोछहु अधर कजरवा, जावक भाल।
उपजेउ पीतम छतिया, बिन गुन माल ।।५०।।

प्रौढ़ा खण्डिता

पिय आवत अंगनैया, उठिकै लीन।
विहँसत चतुर तिरियवा, बैठक दीन ।।५१।।

पवढहु पीय पलँगिया मीजहुँ पाय।
रैन जगे कर निदिया, सब मिटि जाय ।।५२।।

परकीया खण्डिता

जेहि लगि सजन सनेहिया, छुटि घर बार।
आपन हित परिवरवा, सोच परार ।।५३।।

गणिका खण्डिता

मितवा ओठ कजरवा, जावक भाल।
लिहेसि काढ़ि बइरिनिया, तकि मनिमाल ।।५४।।

मुग्धा कलहांतरिता

आयेहु अबहिं गवनवा, जुरुते मान।
अब रस लागिहि, गोरिअहिं मन पछतान ।।५५।।

मध्या कलहांतरिता

मैं मतिमंद तिरियवा, परिलिउँ भोर।
तेहि नहिँ कन्त मनउलिउँ, तेहि कछु खोर ।।५६।।

प्रौढ़ा कलहांतरिता

थकिगा करि मनुहरिया, फिरिगा पीय।
मैं उठि तुरति न लायेउँ, हिमकर हीय ।।५७।।

परकीया कलहांतरिता

जेहि लगि कीन विरोधवा, ननद जिठानि।
रखिउँ न जाइ करेजवा, तेहि हित जानि ।।५८।।

गणिका कलहांतरिता

जिहिं दीन्हें बहु बेरिया मोंहि मनि माल।
तेहि से रूठिऊँ सखिया, फिर गौ लाल ।।५९।।

४. विप्रलब्धा

मुग्धा विप्रलब्धा

मिलेउ न कंत सहेटवा लखेउ डेराइ ।[1]
धनियाँ कमल बदनिया गइ कुँभिलाइ ॥६०॥

मध्या विप्रलब्धा

देखि न केलि भवनवां नंदकुमार।
लै लै ऊँचि उससवा, भइ विकरार ॥६१॥

प्रौढ़ा विप्रलब्धा

देखि न कंत सहेटवा भा दुख पूरि।
रोवत[2] नैन कजरवा होइ गौ[3] दूरि ॥६२॥

परकीया विप्रलब्धा

बैरिन मँह[4] अभिसरवा, अति दुखिदानि।
प्रातउ[5] मिलेउ न मितवा भो पछितानि ॥६३॥

गणिका विप्रलब्धा

करिकै सोरह सिंगरवा अतर लगाइ।
मिलेउ न लाल सहेटवा, फिरि पछताइ ॥६४॥

---

१. पाठा०—फिरि तुहराव
२. पाठा०—भो तन
३. पाठा०—भै गा झूर
४. पाठा०—भा
५. पाठा०—तापर

५. उत्कंठिता

मुग्धा उत्कंठिता

गौ[1] युग जाम जमिनि आ पिय नहिं आइ।
राखेहु कौन सवनिआ धौं[2] बिलमाइ॥६५॥

मध्या उत्कंठिता

जोहत परी पलकिया[3] पिउ की बाट[4]।
बेंचेउ चतुर तिरियवा केहि के हाट[5]॥६६॥

प्रौढ़ा उत्कंठिता

पिय पथ हेरति गोरिया भा भिनसार।
चलहु न करिय तिरियवा तुव इतबार॥६७॥

परकीया उत्कंठिता

उठ उठ जात खिरिकिया जोहत[6] बाट।
कत वह आइहि मितवा सूनी खाट[7]॥६८॥

गणिका उत्कंठिता

कठिन[8] नींद भिनुसरवा आलस पाइ।
धन दै मूरुख मितवा रहल लोभाइ॥६९॥

---

१. पाठ०—भा
२. पाठा०—रहि, दहु
३. पाठा०—अगनवा, पलँगिया
४. पाठा०—पिय को मार
५. पाठा०—केहि के हार
६. पाठा०—जोहन
७. पाठा०—कतहु न आवत मितवा मुनि सुनि खाट
८. पाठा०—कढ़ि न

६. वासकसज्जा—

मुग्धा वासकसज्जा

हरुए गवन तवेलिआ दीठि बचाइ।
पौढ़ी जाइ पलँगिया सेज बिछाइ ॥७०॥

मध्या वासक सज्जा

सुभग[1] बिछाइ पलँगिया अंग सिँगार।
चितवत चौंकि तरुनिया, दै दिग द्वार[2] ॥७१॥

प्रौढ़ा वासक सज्जा

हँसि हँसि[3] हेरि[4] अरसिआ, सहज सिंगार।
उतरत चढ़त नवेलिआ तिय कै बार ॥७२॥

परकीया वासकसज्जा

सोवत सब गुरु लोगवा जानेउ बाल।
दीन्हेसि खोलि खिरकिया, उठिकै हाल ॥७३॥

गणिका वासक सज्जा

कीन्हेसि सबै सिंगरवा चातुर बाल।
ऐहै प्रान पियरवा लै मनि माल ॥७४॥

७. स्वाधीनपतिका—

मुग्धा स्वाधीनपतिका

आपुहि देत जवकवा गहि गहि पाँय।
आपु देत मोहिं पियवा पान खवाय ॥७५॥

---

१. पाठा०—सेज
२. पाठा०—चौकत चितै तरुनिआ, दहु कै बार
३. पाठा०—पिय
४. पाठा०—हरि

मध्या स्वाधीन पतिका

पीतम करत पियरवा कहत न जात।
रहत गढ़ावत सोनवा इहै सिरात।।७६।।

प्रौढ़ा स्वाधीन पतिका

मैं अरु मोर पियरवा जस जल मीन।
बिछुरत तजत परनवाँ रहत अधीन।।७७।।

परकीया स्वाधीन पतिका

भो जुग नयन चकोरवा पिय-मुख चंद।
जानत है तिय अपुनै मोहि सुख कंद।।७८।।

गणिका स्वाधीन पतिका

लै हीरन के हरवा मानिक माल[1]।
मोहिं रहत पहिरावत बस ह्वै लाल।।७९।।

८. अभिसारिका

मुग्धाभिसारिका

चली लिवाइ नवेलिअहिं, सखि सब संग।
जस हुलसत गो गोदवा मत्त मतंग।।८०।।

मध्याभिसारिका

पहिरे लाल अछुअवा, तिय गज पाय।
चढ़े नेह हथि अवहा, हुलसत जाय।।८१।।

प्रौढ़ाभिसारिका

चली रैनि अँधियरिया साहस गाढ़ि।
पायन केर कँगनिया डारेस काढ़ि।।८२।।

---

१. पाठा०—मोतिन

परकीयाकृष्णाभिसारिका

नील मनि के हरवा, नील सिंगार।
किए रइनि अँधिअरिआ धनि अभिसार ।।८३।।

परकीयाशुक्लाभिसारिका

सेत कुसुम कै हरवा भूषन सेत।
चली रैनि उजिअरिआ पिउ के हेत ।।८४।।

दिवाभिसारिका

पहिरि बसन जरतरिआ पिअ के हेत।
चली जेठ दुपहरिआ मिलि रवि जोत ।।८५।।

गणिकाभिसारिका

धन हित कीन्ह सिंगरवा चातुर बाल।
चली संग लै चेरिआ, जहँवा लाल ।।८६।।

६. प्रवत्स्यत्प्रेयसी

मुग्धाप्रवत्स्यत्प्रेयसी

परि गौ कानन सखिया पिय कै गौन।
बैठी कनक पँलगिया, ह्वैइकै मौन ।।८७।।

मध्या प्रवत्स्यत्प्रेयसी

सुठि सुकुमार तरुनिया सुनि पिय-गौन।
लाजनि पौढ़ि ओबरिया, ह्वै के मौन ।।८८।।

प्रौढ़ा प्रवत्स्यप्रेयसी

बन घन फूलहि टेसुआ,[1] बगिअनि बेलि।
चलेउ बिदेस पियरवा, फागुन फेलि[2] ।।८९।।

---

१. पाठा०—फगुआ फेलि

२. पाठा०—पौरि

परकीया प्रवत्स्यत्प्रेयसी

मितवा चलेउ विदेसवा, मन अनुरागि।
पिय को सुरत गगरिया, रहि मग लागि ।।६०।।

गणिका प्रवत्स्यत्प्रेयसी

पीतम इक सुमिरिनियाँ, मोंहि देइ जाहु।
जेहि जपि तोर बिरहवा, करौं निबाहु ।।६१।।

आगतपतिका

मुग्धा आगतपतिका

बहुत दिवस पै पियवा आएहु आज।
पुलकित नवल दुलहिया कर गृह काज ।।६२।।

मध्या आगतपतिका

पियवा आय[1] दुअरवा उठि किन देख।
दुरलभ पाइ बिदेसिया जिय कै लेख[2] ।।६३।।

प्रौढ़ा आगतपतिका

जोबन[3] प्रान पिअरवा हेरेउ आइ[4]।
तलफत मीन तिरिअवा जस जल पाइ ।।६४।।

परकीया आगतपतिका

पूछत चली खबरिया, मितवा तीर।
नैहर खोज तिरिअवा, पहिरि सुचीर।।६५।।

---

१. पाठा०—फूलि टेसुइया
२. पाठा०—मुद अवरेख
३. पाठा०—पावन
४. पाठा०—आवत सुनत तिरिअवा उठि हरखाइ

गणिका आगतपतिका

तौं लगि मिटै न मितवा तनकी ' ार ।
जौ लगि पहिरि न हरवा, जटिल सुहोर ।।९६।।

त्रिविध नायिका

उत्तमा

लखि अपराध नयकवा[1] नहिं रिस कीन्ह ।
बिहँसत चंदन चउकिया बैठन दीन्ह ।।९७।।

मध्यमा

बिन गुन पिय उर हरवा उपरेज हेरि ।
चुप ह्वै चित्र पुतरिया गहि चख फेरि ।।९८।।

अधमा

बार बार गुन मनवा, जनि करु नारि ।
मानिक औ गज मोतिया जो लगि बारि ।।९९।।

सखी के काम

मण्डन

सखियन कीन्ह सिंगरवा रचि बहु भाँति ।
हेरति नैन अरसिया मुहु मुसुकाति ।।१००।।

शिक्षा

थके बैठि गोड़वरिया मींजहु पाँउ ।[2]
पिय तन पेखि गरमिया बिजन डोलाउ ।।१०१।।

---

१. पाठा०—पिअरवा

२. पाठा०—छाकदु बठि दुअरिया मीजहु पाँय

उपालंभ

चुप ह्वै रह्यो संदेसवा सुनि मुसुकाय।
पिय निज कर बिछवनवा दीन्ह पठाय[1] ।।१०२।।

परिहास

बिहँसत भौंह चढ़ाए धनुष मनोज[2]।
लावत उर उबटनवा ऐंठि उरोज[3] ।।१०३।।

दर्शन

साक्षात दर्शन

बिरहिन और बिदेसिया भौ एक ठौर।
पिय मुख हेरि[4] तिरियवा चन्द्र चकोर ।।१०४।।

चित्र दर्शन

पिय मूरति चितसरिया देखत बाल।
बितवत औध बरसवा जपि जपि माल ।।१०५।।

श्रवण दर्शन

आयउ मीत बिदेसिया सुनु सखि तोर।
उठिकिन करसि सिंगरवा सुनि सिख मोर ।।१०६।।

स्वप्न दर्शन

पीतम मिलेउ सपनवाँ, भौ सुख खानि।
आनि जगायसि चेरिआ भइ दुख दानि ।।१०७।।

---

१. पाठा०—पिय निज हाथ बिखबना दीन्ह पठाय
२. पाठा०—मनीय
३. पाठा०—लावत उर अघलनिया उठि उठि पीय
४. पाठा०—तकत

नायक

सुन्दर चतुर धनिकवा कुल को ऊँच
केलि कला परबिनवाँ सील समूच ।।१०८।।

पति उपपति बैसिकवा त्रिबिध बखान ।
विधि सो ब्याहो गुरु जन पति सो जान ।।१०६।।

पति

लै कै सुघर पुरुषवा पिअ के साथ ।
छपरो एक छतरिया बरखत पाथ ।।११०।।

चतुर्विध पति

करत नहीं[1] अपरधवा सपनेहुँ पीउ ।

अनुकूल

मान करन की बेरियाँ[2] रहि गई हीउ[3] ।।१११।।

दक्षिण

सब मिलि करैं निहोरवा हम कहँ देइ[4] ।
गुहि गुहि चंपक टँड़िआ उचइ सो लेइ[5] ।।११२।।

धृष्ट

जहवाँ जगे[6] रइनियाँ तहँवा जाहु ।
जोरि नयन निरलजवा कत मुसकाउ ।।११३।।

---

१. पाठा०—न हिय
२. पाठा०—सधना
३. पाठा०—जीव
४. पाठा०—देहु
५. पाठा०—चुन चुन चंपक चुरिया उच से लेहु
६. पाठा०—सौतिन करें—

शठ

छूटेउ लाज[1] गरियवा औ कुल कानि।
करत जात[2] अपरधवा परि गइ बानि ।।११४।।

उपपति

झाँकि झरोखे गोरिया अँखियन जोरि।
फिर चितवति चित मितवा करत निहोरि ।।११५।।

वैसिक

लटकी नील जुलुफिया बनसी भाइ।
मो मन बार बधुइया मीन बझाइ ।।११६।।

चतुर्विध नायक

क्रिया चतुर

खेलत जानेसि टोलि आ[3] नन्दकिशोर।
छुइ वृषभान कुमरिआ भैगा चोर ।।११७।।

वचन चतुर

सघन कुंज अमरैआ सीतल छाँहि।
झगरन आइ कोइलिया फिर उड़ि जाँहि ।।११८।।

मानी

अब न जनम भर सखिआ ताकों ओहि[4]।
ऐंठत गो अभिमनवाँ तजि के मोहिं ।।११९।।

---

१. पाठा०—डगरिया
२. पाठा०—रोज
३. पाठा०—रोलिआ
४. पाठा०—अब मरि जनम सहेलिया तकब न ओहि

प्रोषित

करिवै ऊँचि अटरिया तिय संग केलि।
कब धौं पहिरि गजरवा हार चमेलि ।।१२०।।

इति नायिका भेद

बरवै

बन्दौं बिघन-बिनासन, ऋधि-सिधि-ईस।
निर्मल बुद्धि-प्रकासन, सिसु ससि-सीस ।।१।।

सुमिरौं मन दृढ़ करिकै, नन्द कुमार।
जो वृषभान-कुँवरि कै, प्रान-अधार ।।२।।

भजहु चराचर-नायक सूरज देव।
दीन जनन-सुखदायक, तारत एव[1] ।।३।।

ध्यावौं सोच-बिमोचन, गिरिजा-ईस।
नागर भरन त्रिलोचन, सुरसरि-सीस ।।४।।

ध्यावौं बिपद-बिदारन, सुवन समीर।
खल-दानव-बन-जारन, प्रिय रघुबीर ।।५।।

पुन पुन बन्दौं गुरु के, पद-जलजात।
जिहि प्रताप तैं मनके, तिमिर बिलात ।।६।।

करत घुमड़ि घन-घुरवा, मुरवा सोर।
लगि रह बिकसि अकुंरवा, नन्दकिसोर ।।७।।

बरसत मेघ चहूँ दिसि, मूसरा धार।
सावन आवन कीजत, नन्दकुमार ।।८।।

---

१. पाठा०—त्यारन ऐब

अजौं न आये सुधि कै, सखि घनश्याम।
राख लिये कहूँ बसिकै, काहू बाम ।।9।।

कबलौं रहि है सजनी, मन में धीर।
सावन हूँ नहिं आवन, कित बलवीर ।।10।।

घन घुमड़े चहुँ ओरन, चमकत बीज।
पिय प्यारी मिलि झूलत, सावन-तीज ।।11।।

पीव पीव कहि चातक, सठ अहरात।[1]
कहत बिरहनी तिय के, हिय उतपात ।।12।।

सावन आवन कहिगे, स्याम सुजान।
अजहुँ न आये सजनी, तरफत प्रान ।।13।।

मोहन लेउ मया करि, मो सुधि आय।
तुम बिन मीत अहर-निसि, तरफत जाय ।।14।।

बढ़त जात चित दिन-दिन, चौगुन चाव।
मनमोहन तैं मिलबो, सखि कहँ दाँव ।।15।।

मनमोहन बिन देखे, दिन न सुहाय।
गुन न भूलिहौं सजनी, तनक मिलाय ।।16।।

उमड़ि-उमड़ि घन घुमड़े, दिसि बिदिसान।
सावन दिन मनभावन, करत पयान ।।17।।

समुझति सुमुखि सयानी, बादर झूम।
बिरहिन के हिय भभकत, तिनकी धूम ।।18।।

---

1. पाठा॰—अधरात

उलहे नये अँकुरवा, बिन बलवीर।
मानहु मदन महिप के, बिन पर तीर ।।१९।।

सुगमहि गातहि गारन, जारन देह।
अगम महा अति पारन, सुघर सनेह ।।२०।।

मनमोहन तुव मूरति, बेरिझबार।
बिन पियान मुहि बनिहै, सकल बिचार ।।२१।।

झूमि-झूमि चहुँ ओरन, बरसत मेह।
त्यों त्यों पिय बिन सजनी, तरसत देह ।।२२।।

झूंठी झूंठी सौंहें, हरि नित खात।
फिर जब मिलत मरू के, उतर बतात ।।२३।।

डोलत त्रिबिध मरुतवा, सुखद सुढार।
हरि बिन लागब सजनी, जिमि तरवार ।।२४।।

कहियो पथिक सँदेसवा, गहि के पाय।
मोहन तुम बिन तनिकहु, रह्यौ न जाय ।।२५।।

जबते आयौ सजनी, मास असाढ़।
जानी सखि वा तिन के, हिम की गाढ़ ।।२६।।

मनमोहन बिन तिय के, हिय दुख बाढ़।
आये नन्द दिठनवा,[1] लगत असाढ़ ।।२७।।

वेद पुरान बखानत, अधम उधार।
केहि कारन करुनानिधि, करत 'बिचार ।।२८।।

---

१. पाठा०—ढोटनवा

लगत असाढ़ कहत हो, चलन किसोंर।
घन घुमड़े चहुँ ओरन, नाचत मोर ।।२९।।

लखि पावस ऋतु सजनी, पिय परदेस।
गहन लग्यौ अबलनि ै, धनुष सुरेस ।।३०।।

बिरह बढ़्यौ सखि अंगन, बढ़्यौ चवाव।
कर्यो निठुर नन्दनंन्दन, कौन कुदाव ।।३१।।

भज्यो कितौ न जनम भरि, कितनी जाग।
संग रहत या तन की, छाँही भाग ।।३२।।

भज रे मन नन्दनन्दन, बिपति बिदार।
गोपी-जन-मन-रंजन, परम उदार ।।३३।।

जदपि बसत हैं सजनी, लाखन लोग।
हरि बिन कित यह चित को, सुख संजोग ।।३४।।

जदपि भई जल पूरित, छितव सुआस।
स्वाति बूँद बिन चातक, मरत-पियास ।।३५।।

देखन ही को निसदिन, तरफत देह।
यही होत मधुसूदन, पूरन नेह ? ।।३६।।

कव तें देखत सजनी, वरसत मेह।
गनत न चढ़े अटन पै, सने सनेह ।।३७।।

विरह विथा तें लखियत, मरिबौ झूरि।
जो नहिं मिलिहै मोहन, जीवन मूरि ।।३८।।

ऊधौं भलौ न कहनो, कछु पर पूठि।
साँचे ते भे झूठे, साँची झूठि ।।३९।।

भादों निस अँधियरिया, घर अँधियार।
बिसर्‌यो सुघर बटोही, शिव आगार ।।४०।।

हौं लखिहौ री सजनी, चौथ मयंक।
देखों केहि बिधि हरि सों, लगत कलंक ।।४१।।

इन बातन कछु होत न, कहो हजार।
सबही नैं हँसि बोलत, नन्दकुमार ।।४२।।

कहा छलत हो ऊधौ, दै परतीति।
सपनेहू नहिं बिसरै, मोहनि-मीति ।।४३।।

बन उपवन गिरि सरिता, जिती कठोर।
लगत देह से बिछुरे, नन्द किसोर ।।४४।।

भलि भलि दरसन दीनहु, सब निसि टारि।
कैसे आवन कीनेहु, हौं बलिहारि ।।४५।।

आदिहि-ते सब छुटगो, जग ब्यौहार।
ऊधो अब न तिनौं भरि, रही उधार ।।४६।।

घेर रह्यौ दिन रतियाँ, विरह बलाय।
मोहन की वह बतियाँ, ऊधो हाय ! ।।४७।।

नर नारी मतवारी, अचरज नाहिं।
होत विटपहू नागौ, फागुन माहिं ।।४८।।

सहज हँसोई वातें, होत चवाइ।
मोहन कों तन सजनी, दै समुझाइ ।।४९।।

ज्यों चौरासी लख में, मानुष देह।
त्योंहो दुलंभ जग में, सहज सनेह ।।५०।।

मानुष तन अति दुर्लभ, सहजहि पाय।
हरि-भजि कर सत संगति, कह्यौ जताय ॥५१॥

अति अद्भुत छबि-सागर, मोहन-गात।
देखत ही सखि बूड़त, दृग-जलजात ॥५२॥

निरमोंही अति झूँठौ, साँवर गात।
चुभ्यौ रहत चित कौधौं, जानि न जात ॥५३॥

बिन देखें कल नाहिन, यह अखियाँन।
पल पल कटत कलप सों, अहो सुजान ॥५४॥

जब तब मोहन झूठी, सौंहें खात।
इन बातन ही प्यारे, चतुर कहात ॥५५॥

ब्रज-बासिन के मोहन, जीवन प्रान।
ऊधो यह संदेसवा, अकह कहान ॥५६॥

मोहि मीत बिन देखें, छिन न सुहात।
पल पल भरि भरि उझलत, दृग जल जात ॥५७॥

जब तें बिछुरे मितवा, कहु कस चैन।
रहत भर्‌यौ हिय साँसन, आँसुन नैन ॥५८॥

कैसे जावत कोऊ, दूरि बसाय।
पल अन्तरहू सजनी, रह्यो न जाय ॥५९॥

जान पहत हो ऊधौ, अवधि बताइ।
अवधि अवधि-लौं दुस्तर, परत लखाइ ॥६०॥

मिलनि न बनि है भाखत, इन इक टूक।
भये सुनत ही हिय के, अगनित टूक ॥६१॥

गये हेरि हरि सजनी, बिहँसि कछूक।
तवते लगनि अगनि की, उठत भभूक ।।६२।।

मनमोहन की सजनी, हँसि वतरान।
हिय कठोर कीजत पै, खटकत आन ।।६३।।

होरी पूजत सजनी, जुर नर नारि।
हरि-बिन जानहु जिय में, दई दवारि ।।६४।।

दिस बिदसान करत ज्यों, कोयल कूक।
चतुर उठत है त्यों त्यों, हिय में हूक ।।६५।।

जवते मोहन बिछुरे, कछु सुधि नाहिं।
रहे प्रान परि पलकनि, दृग मग माहिं ।।६६।।

उझकि उझकि चित दिन दिन, हेरत द्वार।
जब ते बिछुरे सजनी, नन्दकुमार ।।६७।।

जक न परत बिन हेरे, सखिन सरोस।
हरि न मिलत बसि नेरे, यह अफसोस ।।६८।।

चतुर मया करि मिलिहौं, तुरतहिं आय।
बिन देखे निस बासर, तरफत जाय ।।६९।।

तुम सब भाँतिन चतुरे, यह कल बात।
होरी से त्यौहारन, पीहर जात ।।७०।।

और कहा हरि कहिये, धनि यह नेह।
देखन ही को निसदिन, तरफत देह ।।७१।।

जब तें बिछुरे मोहन, भूख न प्यास।
बेरि बेरि बढ़ि आवत बड़े उसास ।।७२।।

अन्तरगत हिय बेधत, छेदत प्रान।
विष सम परम सबन तें, लोचन बान ।।७३।।

गली अँधेरी मिल कै, रहि चुपचाप।
बरजोरी मनमोहन, करत मिलाप ।।७४।।

सास ननद गुरु पुरजन, रहे रिसाय।
मोहन हू अस निसरे, हे सखि हाय ।।७५।।

उन बिन कौन निबाहै, हित की लाज।
ऊधो तुमहू कहियो, धनि बृजराज ।।७६।।

जिहिके लिये जगत में, वजै निसान।
तिहिं-ते करे अबोलन, कौन सयान ।।७७।।

रे मन भज निस बासर, श्री बलवीर।
जो बिन जाँचे टारत, जन की पीर ।।७८।।

बिरहिन को सब भाखत, अव जनि रोय।
पीर पराई जानै, तब कहु कोय ।।७९।।

सबै कहत हरि बिछुरे, उर धर धीर।
बौरी बाँझ न जानै, ब्यावर पीर ।।८०।।

लखि मोहन की बंसी, बंसी जान।
लागत मधुर प्रथम पै, बेधत प्रान ।।८१।।

कोटि जतनहू फिरत न, बिधि की बात।
चकवा पिंजरे हू सुनि, बिसुख बसात ।।८२।।

देखि ऊजरी पूछत, बिन ही चाह।
कितने दामन बेचत, मैदा साह ।।८३।।

कहा कान्ह ते कहनो, सब जग साखि।
कौन होत काहू के, कुबरी राखि ।।८४।।

तै चंचल चित हरि को, लियौ चुराइ।
याहीं तें दुचती सी, परत लखाइ ।।८५।।

मी गुज़रद ईं दिलरा, बे दिलदार।
इक इक साअत हमचूँ, साल हज़ार ।।८६।।

नव नागर पद परसी, फूलत जौन।
मेटत सोक असोक सु, अचरज कौन ।।८७।।

समुझि मधुप कोकिल की, यह रस रीति।
सुनहु श्याम की सजनी, का परतीति ।।८८।।

नृप जोगी सव जानत, होत बयार।
संदेसन तौ राखत, हरि ब्योहार ।।८९।।

मोहन जीवन प्यारे, कस हित कीन।
दरसन ही कों तरफत, ये दृग मीन ।।९०।।

भजि मन राम सियापति, रघुकुल ईस।
दीनबन्धु दुख टारन, कौसलधीस ।।९१।।

भजि नरहरि नारायन, तजि वकवाद।
प्रगटि खंभ ते राख्यो, जिन प्रहलाद ।।९२।।

गोरज धन-बिच राखत, श्री ब्रजचन्द।
तिय दामिनि जिमि हेरत, प्रभा अमन्द ।।९३।।

गर्क अज मैं शुद आलम, चन्द हजार।
बे दिलदार कै गीरद, दिलम करार ।।९४।।

दिलबर ज़द बर जिगरम, तीर निगाह।
तपीदा जाँ भी आयद, हरदम आह ।।९५।।

कै गोयम अहवालम, पेश निगार।
तनहा नजर न आयद, दिल लाचार ।।९६।।

लोग लुगाई हिलमिल, खेलत फाग।
पर्‌यौ उड़ावन मोकौं, सब दिन काग ।।९७।।

मो जिय कौरी सिगरी, ननद जिठानि।
भई स्याम सों तब तें, तनक पिछानि ।।९८।।

होत विकल अनलेखै, सुघर कहाय।
को सुख पावत सजनी, नेह लगाय ।।९९।।

अहो सुधाधर प्यारे, नेह निचोर।
देखन ही कों तरसे, नैन चकोर ।।१००।।

आँखिन देखत सबही, कहत सुधारि।
पै जग साँची प्रीत न, चातक टारि ।।१०१।।

पथिक आय पनघटवा, कहत पियाव।
पैया परों ननदिया, फेरि कहाव ।।१०२।।

या झर में घर घर में, मदन हिलोर।
पिय नहिं अपने कर में, करमैं खोर ।।१०३।।

बालम अस मन मिलयउँ, जस पय पानि।
हंसनि भइल सवतिया, लइ बिलगानि ।।१०४।।

ढीलि आँख जल अँचवत, तरुनि सुभाय।
धरि खसकाइ घइलना, मुरि मुसुकाय ।।१०५।।

बरि गइ हाथ उपरिया रहि गई आगि।
घर कै बाट बिसरि गइ, गुहनै लागि ।।१०६।।

अनधन देख लिलरवा, अनख न धार।
समलहु दिय दुति मनसिज, भल करतार ।।१०७।।

जलज बदन पर थिर अलि, अनखन रूप।
लीन हार हिय कमलहि, डसत अनूप ।।१०८।।

ओठ की चवन केवरिया, जोहौं बाट।
उड़िगे सोन चिरैया, पिंजर हाथ ।।१०९।।

•

मदनाष्टक

असनी से प्राप्त

दृष्ट्वा तत्र विचित्रतां तरुलतां, मैं था गया बाग में।
काचित् तत्र कुरंगशावनयनी, गुल तोड़ती थी खड़ी ।।
उन्मद्भ्रूधनुषा कटाक्ष विशिखैः, घायल किया था मुझे।
तत्सीदामि सदैव मोह जलधौ, हे दिन शुकारो गुजर ।।१।।

कलित ललित माला वा जवाहिर जड़ा था।
चपल चखन वाला चाँदनी में खड़ा था ।।
कटि तट बिच मेला, पीत सेला नवेला।
अलि बनि अलबेला यार मेरा अकेला ।।२।।

अकल कुटिलकारी देख दिलदार जुल्फैं।
अलि कलित निहारैं आपने दिल की कुल्फें ।।
सकल शशि-कला को रोशनी हीन लेखों।
अहह ब्रजलला को किस तरह फेर देखौं ।।३।।

वहति मरुति मन्दम् मैं उठी रात जागी।
शशिकर कर लागे सेज को छोड़ भागी ।।
अहह विगत स्वामी मैं करूँ क्या अकेली।
मदन शिरसि भूयः क्या वला आन लागी ।।४।।

छवि चपित छवीली छैलरा की छड़ी थी।
मणि जटित रसीली माधुरी सुन्दरी थी ।।
अमल कमल ऐसा खूब से खूब लेखा।
कहि सकत न जैसा कान्ह का हस्त देखा ।।५।।

विगत घन निशीथे चाँद की रोशनाई।
सघन घन निकुंजे कान्ह वंशी बजाई ।।
सुत पति गति निद्रा स्वामियाँ छोड़ भागीं ।
मदन शिरसि भूयः क्या बला आन लागी ।।६।।

हर नयन हुताशन ज्वालया भस्मि भूता।
रति नयन जलौधे, खाक बाकी बहाया ।।
तदपि दहति चित्तं मामकम् क्या करौंगी ।
मदन शिरसि भूयः क्या बला आन लागी ।।७।।

हिम रितु रति धामा सेज लोटौं अकेली ।
उठत विरह ज्वाला क्यों सहौरी सहेली ।।
इति वदति पठानी मदमदांगी विरागी ।
मदन शिरसि भूयः क्या बला आन लागी ।।८।।

नागरी प्रचारिणी पत्रिका में प्रकाशित

मनसि मम नितान्तम् आयकैं बासु कीया ।
तन धन सब मेरा मानतैं छीन लीया ।।
अति चतुर मृगाक्षी देखतैं मौन भागी ।
मदन शिरसि भूयः क्या बला आन लागी ।।१।।

वहति मरुत मन्दम् मैं उठी राति जागी ।
शशिकर कर लागें सेल ते पैन बागी ।।[1]
अहह विगत स्वामी क्या करौ मैं अभागी ।
मदन शिरसि भूयः क्या बला आन लागी ।।२।।

हर नयन हुताशम् ज्वालया जो जलाया ।
रति नयन जलौधै खाख बाकी बहाया ।।
तदपि दहति चित्तम् मामकम् क्या करौंगी ।
मदन शिरसि भूयः क्या बला आन लागी ।।३।।

---

१. पाठ० शशिकर कर लागे सेज को छोड़ भागी ।।

विगत घन निशीथे चाँद की रोशनाई।
सघन वन निकुंजे कान्ह वंशी वजाई ।।
सुत पति गतनिद्रा स्वामियाँ छोड़ भागी।
मदन शिरसि भूयः क्या वला आन लागी ।।४।।

हिम ऋतु रति धामा सेज लोटौं अकेली।
उठत विरह ज्वाला क्यों सहौं री सहेली ।।
चकित नयन वाला तत्र निद्रा न लागी।
मदन शिरसि भूयः क्या बला आन लागी ।।५।।

कमल मुकुल मध्ये राति को ए सयानी।
लखि मधुकर बंधम् तू भई री दिवानी ।।
तदुपरि मधु काले कोकिला देखि भागी।
मदन शिरसि भूयः क्या वला आन लागी ।।६।।

तव बदन मयंकी ब्रह्म की चोप बाढ़ी।
मुख छवि लखि भू पै चाँद ते कांति गाढ़ी।।
मदन मथित रंभा देखतै मोहि लागी।
मदन शिरसि भूयः क्या बला आन लागी ।।७।।

नभसि घन घनान्ते है घनी कैसि छाया।
पथिक जन बधूनाम् जन्म केता गँवाया ।।
इति वदति पठानी मन्मथांगी विरागी।
मदन शिरसि भूयः क्या वला आन लागी ।।८।।

हिन्दी साहित्य सम्मेलन पत्रिका में प्रकाशित

शरद निशि निशीथे चाँद की रोशनाई।
सघन वन निकुंजे कान्ह वंशी वजाई ।।
रति, पति, सुत, निद्रा, साइयाँ छोड़ भागी।
मदन शिरसि भूयः क्या बला आन लागी ।।१।।

कलित ललित माला वा जवाहिर जड़ा था।
चपल चखन वाला चाँदनी में खड़ा था।।
कटि तट बिच मेला पीत सेला नवेला।
अलि बन अलबेला यार मेरा अकेला।।२।।

दृग छकित छबीली छेलरा की छरी थी।
मणि जटित रसीली माधुरी मूँदरी थी।।
अमल कमल ऐसा खूब से खूब देखा।
कहि न सकी जैसा श्याम का हस्त देखा।।३।।

कठिन कुटिलकारी देख दिलदार जुलफें।
अलि कलित बिहारी[1] आपने दिल की कुलफें।।
सकल शशि कला को रोशनी हीन लेखौं।
अहह् ! ब्रज लला को किस तरह फेर देखौं।।४।।

जरद बसन वाला गुल चमन देखता था।
झुक झुक मतवाला गावता रेखता था।।
श्रुति युग चपला से कुण्डलें झूमते थे।
नयन कर तमाशे मस्त ह्वै घूमते थे।।५।।

तरल तरनि सी हैं तीर सी नोकदारैं।
अमल कमल सी हैं दीर्घ हैं दिल बिदारैं।।
मधुर मधुप हेरैं माल मस्ती न राखें।
विलसति मन मेरे सुन्दरी श्याम आँखें।।६।।

भुजग जुग किधों हैं काम कमनैत सोहैं।।
नटवर ! तब मोहैं बाकुरी मान भौंहैं।
सुनु सखि ! मृदु बानी बेदुरुस्ती अकिल में।
सरल सरल सानी कै गई सार दिल में।।७।।

---

१. पाठ० निहार।

पकरि परम प्यारे सावरे को मिलाओ ।
असन अमृत प्याला क्यों न मुझको पिलाओ ।।
इति वदति पठानी मन्मथांगी विरागी ।
मदन शिरसि भूयः क्या वला आन लागी ।।८।।

फुटकर छन्द तथा पद

अति अनियारे मनो सान दै सुधारे,
महा बिष के विषारे ये करत परघात हैं।
ऐसे अपराधी देख अगम अगाधी यहै,
साधना जो साधी हरि हिय में अन्हात हैं।।
बार बार बोरे याते लाल लाल डोरे भये,
तोहू तो 'रहीम' थोरे विधि न सकात हैं।
घाइक घनेरे दुख दाइक हैं मेरे नित,
नैन बान तेरे उर बेधि बेधि जात हैं।।१।।

पट चाहे तन पेट चाहत छदन मन,
चाहत है धन जेती संपदा सराहबी।
तेरोई कहाय कै 'रहीम' कहे दीनबन्धु,
आपनी विपत्ति जाय काके द्वार काहिबी।।
पेट भर खायो चाहे उद्यम बनायो चाहे,
कुटुम जियायो चाहे काढ़ि गुन लाहिबी।
जीविका हमारी जो पै औरन के कर डारो,
ब्रज के बिहारी तो तिहारी कहा साहिबी।।२।।

बड़ेन सों जान पहिचान कै 'रहीम' काह,
जो पैं करतार ही न सुख देनहार है।
सोतहर सूरज सों नेह कियो याही हेत,
ताऊ पै कमल जारि डारत तुषार है।।

क्षीर निधि[1] माँहि धँस्यो शंकर के सीस बस्यो,
तऊ न कलंक नस्यो ससि में सदा रहै।
बड़ौं रिझिवार है, चकोर दरबार है,
कलानिधि सो यार तऊ चाखत अँगार है[2] ॥३॥

सुनिये बिटप प्रभु पुहुप तिहारे हम,
राखिये हमें तो सोभा रावरी बढ़ाइहैं।
तजि हौ हरष तौ बिरष है न चारो कछू,
जहाँ जहाँ जैहैं तहाँ दूनी छबि पाइहैं।
सुरन चढ़ेंगे सुर-नरन चढ़ेंगे हम,
सुकवि 'रहीम' हाथ हाथ ही बिकाइ हैं।
देस में रहेंगे परदेस में रहेंगे
काहू भेष में रहेंगे पै रावरे कहाइहैं ॥४॥

मोहिबो निछोहिबो सनेह में तो नयो नाहिं,
भले हौ निठुर भये काहे को लजाइये।
तन मन रावरे सों मतों के मगन होतु,
उचरि गये ते कहा तुम्हें खोरि लाइये ॥
चित लाग्यो जित जैये तितही 'रहीम' नित,
धाधवे के हित इत एक बार आइये।
जान हुरसी उर बसी है तिहारे उर
में, सो प्रीत बसी तऊ हँसी न कराइये ॥५॥

---

१. पाठ० नीरनिधि।

२. पाठ० बड़ेन सो जान पहिचान तो कहा 'रहीम'
जो पै करतार ही न सुख देनहार है।
सीतहर सूरज सों प्रीति करी पंकज ने,
तऊ कंज बनन को मारत तुषार है ॥
उदधि के बीच बस्यो, शंकर के सीस बस्यो,
तऊ न कलंक नस्यो ससि मैं सदा रहै।
बड़ो रीझिवार है चकोर दरबार देख्यो,
सुधाधर यार ए पै चुंगत अंगार है ॥

जाति हुती सखि गोहन में मनमोहन कों लखि के ललचानो।
नागरि नारि नई ब्रज की उनहूँ नँदलाल को रीझिवो जानो॥
जाति भई फिरिकै चितई तब भाव 'रहीम' यहै उर आनो।
ज्यों कमनैत दमानक में फिरि तीर सों मारि लै जात निसानो॥६॥

जिहि कारन बार न लाये कछू कहि संभु-सरासन दोय किया।
गये गेहहिं त्यागि के ताहि समै सु निकारि पिता बनबास दिया॥
कहे बीच 'रहीम' रह्यो न कछू जिन कीनो हुतो उन[1] हार हिया।
बिधि सों नसिया रसबार सिया कर बार सिया पिय सारसिया[2]॥७॥

दीन चहैं करतार जिन्हें सुख सो तो 'रहीम' टरे नहिं टारे।
उद्यम पौरुष कीने बिना धन आवत आपुहिं हाथ पसारे॥
दैव हँसे अपनी अपना बिधि के परपंच न जात बिचारे।
बेटा भयो बसुदेव के धाम औ दुन्दुभि बाजत नन्द के द्वारे॥८॥

पुतरी अतुरीन कहूँ मिलिकै लगि लाग गयो कहुँ काहु करैटो।
हिरदै दहिबै सहिबै ही को है कहिबै को कहा कछु है गति फेटो॥
सूधे चितै तन हाहा करें हू 'रहीम' इतो दुख जात क्यों मेंटो।
ऐसे कठोर सों औ चित-चोर सों कौन सी हाय घरी भइ भेंटो॥९॥

सीखी है ऐसो 'रहीम' कहा इन नैन अनौखे धों नेह की नाँधन।
ओट भये रहते न बने कहते न बने विरहानल राधन॥
पुन्यन प्यारे सों भेंट भई ए पै मौन कुसंग मिल्यो अपराधन,
स्याम सुधानिधि आनन की मरिये सखि सूधे चितैवे की साधन॥१०॥

घर रहसी रहसी धरम, खपजासी खुरसाण।
अमर बिसंभर ऊपरै, राखो नहचौ राण॥११॥[3]

---

१. पाठा०—बिनु

२. पाठा०—
बिधि यों न सिया सुख बार सिया को सुवार सिया पतिवारसिया।

३. पाठा०—
ध्रम रहसी, रहसी धरा खिस जासे खुरसाण।
अमर बिसंभर ऊपरे, नहचौ राखो राण॥

तारायनि ससि रैन प्रति, सूर होंहि ससि गैन।
तदपि अँधेरो है सखी, पीउ न देखै नैन ॥१२॥

छबि आवन मोहन लाल की।
काछे काछनि कलित मुरलि कर, पीत पिछौरी साल की।
बंक तिलक केसर को कीने दुति मानो बिधु बाल की।
बिसरत नाहिं सखी मो मन तें चितवनि नयनबिसाल की॥
नीकी हँसनि अधर सधरनि की छबि छीनी सुमन गुलाल की।
जल सों डारि दियो पुरइन पर डोलनि मुकुतामाल की॥
आप मोल बिन मोलनि डोलनि बोलनि मदनगोपाल की।
यह सरूप निरखै सोइ जानौ इस 'रहीम' के हाल की॥१३॥

कमल दल नैननि की उनमानि।
बिसरत नाहिं सखी मो मन ते मन्द मन्द मुसुकानि॥
यह दस ननि-दुति चपलाहू ते महा चपल चमकानि।
बसुधा की बस-करी मधुरता सुधापगी बतरानि॥
चढ़ी रहे चित उर बिसाल की मुकुल माल थहरानि।
नृत्य समय पीताम्बर हू की फहरि फहरि फहरानि॥
अनुदिन श्री वृन्दाबन ब्रज तें आवन आवन जानि।
अब रहीम चित ते न टरति है सकल स्याम की बानि॥१४॥

अथ खेट-कौतुकम्

यत्पादपंकजरेणोः प्रसादमासाद्य सर्व भुवनेषु ।
प्रणमामीष्टमुमूर्त्ति तामहममराः प्रभुत्व मपि यान्ति ।।१।।

फारसीयपदमिश्रितग्रन्थाः खलु पंडितैः कृता पूर्वैः ।
संप्राप्य तत्पदपथं कुर्वामि खेट कौतुकम् पद्यम् ।।२।।

अथ सूर्य फलम्

लग्नगः सम्शखेटस्तदा लागरः कामिनी दूषितो दुष्प्रजा यदा वै ।
पण्यारामरतो राशिमीजान्गतो मानहीनोऽथ हीर्षी विदृष्टिः पुमान् ।।३।।

यदा चश्मखाने भवेदाफताबस्तदा ज्ञानहीनोऽथ गुस्सवर्मुद्दाम् ।
सदा तंग दिलशख्तगो द्रव्यहीनः कुवेशो गदा स्याद्बेहोशो दिवासाम् ।।४।।

यदा सम्शखेटस्तृतीयस्थितो नेकर्कर्दा निरोगो हि शीरींसुखुन् ।
सदा मोदते रम्यसीमंतिनीभिः सह वासवारो धनाढ्यो हि निःकोपशन् ।।५।।

यदा मादरागारगः सम्शखेटः सुखी नो हि शंसः परेशानकः स्यात् ।
सदा म्लान-चित्तोऽथ वेश्यारतो वा तथा जायते वेखुशी हिर्ज-गर्दः ।।६।।

अक्लखाने यदा सम्शखेटस्तदा मानवो मानहीनः सदा जाहिलः ।
स्वल्पसंगप्रजश्चौर्यचिन्ताधियुग्गुस्स्वरो धर्मकार्येसदा काहिलः ।।७।।

यदा मर्जखाने भवेदाफताबो जलीलो गनी खूबरू हम्रवाचः ।
सदा मातृपक्षोद्धतस्यालब्धिर्निरोगो नरः शत्रुमर्दी तनय स्यात् ।।८।।

यदा सम्शखेटः स्मरस्थानगश्चिन्तया व्याकुला ना भवेत् कामुकः ।
सदा क्षीयते कामिनीभिर्महावंचको युद्धभूमौ चलौ जम्बरः ।।९।।

यदा सम्शखेटो भवेन्मौतखाने मुसाफिर्विदेशे क्षुतृषा पीडितो हि ।
सदोद्योगहीनो महालागरः स्वीयदेशं विहायान्यदेशाटनः स्यात् ।।१०।।

यदा रवौ वेशखाने प्रसिद्धः सुखी मानवश्चान्यवित्तैरलं शोभते ।
विघ्नवृन्दैर्युतो मातृपक्षात् सुखं नो धनाढ्यो यदा जायते वोच्चगः ।।११।।

रवौ शाहखाने धनाढ्यो वफारस्तदा मोदते वाजिवृन्दैः सुखी च ।
महीपान्तिकी नेककर्दा सुशीलो जमीलो पितुस्सोख्यमल्वं भवेद् वै ।।१२।।

यदा याफ्तिखाने भवेत् सम्शखेटः सुवेशो धनी वाहनाढ्योऽल्पशीलः ।
सुघोषः शुभौका सिपाही सलाही सविर्गीतगाने सुनेकोऽपि सिरदारः ।।१३।।

यदा खर्चखाने भवेत् सम्शखेटस्तदा कर्मनिर्मानहीनो नरः स्यात् ।
अहल्खर्चकः सत्क्रियो वा शरारत्पनाहः सदा पीड्यतेऽङ्गेपु रोगैः ।।१४।।

इति तन्वादिभावस्य सूर्यफलम् ।

अथ चन्द्रफलम्

जवर्कगर्यदांगगस्तवंगरः सुरूपवान् ।
सुधीः सुखी नरो भवेद् विलोमगश्च तन्न हि ।।१५।।

कमर्यदा धनालये धनी दमी प्रियंवदः ।
विदूषको नरा भवेद् बलान्वितो यकी नरः ।।१६।।

कमर्विलाधशालये नरा हि वा मुरौवतः ।
सदा बली च साविरः सुकर्मकृद्यदा भवेत् ।।१७।।

कमर्यदाम्बुगेहगः सखी मुकर्रवः प्रभुः ।
भवेन्नरश्च मंजिसी तदा बुधः सुभाग्यवान् ।।१८।।

कमर्यदेन्नगेहगः स गुलफरू भवेन्नरः ।
बलान्वितो हि पादकी नदिलिपशर्मकानगः ।।१९।।

काललो विपक्षपक्षपीडितो हि बद्शकल् ।
लागरः कमर्भवेद् रिपौ यदा नरः सरुक् ।।२०।।

जन्मखानगःकमर्यदा भवेन्नरो भृशम् ।
गुलफरू यशी गनी यशः करोत्यहर्निशम् ।।२१।।

उमर्ग हे कमर्यदा नरो भवेत् सदा भयी ।
व हिर्जगुर्द गुस्सवर्व देशमुच्च निर्दयी ।।२२।।

नशीबखानगः कमर्मुईशसंज्ञकः नरम् ।
सुतम्मतिल्व आमिलं सिकभ्युकं करोति वे ।।२३।।

कमर्यदा गृहाश्रितो हि हम्जवारकं नरम् ।
तवंगरं च कामिलं करोति वै च साविरम् ।।२४।।

धनाधिपश्च खूबरू सखी सुबुद्धिपुंगवः ।
शीरींसखुन् विदूषको भवेद्यदा कमर्भवेत् ।।२५।।

व्ययालये कमर्यदा भवेत् किरीह चश्मखन्।
विरोधनश्च खिश्मनाप्यकीर्त्तिमान् हि उष्ट्रघः ।।२६।।
इति चन्द्रफलम्

अथ भौमफलम्

यदि भवति मिरीखो लग्नगः खिश्मनाक् स्याद्
रुधिरप्रभवः रोगैः पीडितो मुफ्लिसश्च।
सकलजनविरोधी हासिलो लागरो ना
जनुषि खलु वियोगी दारपुत्रैर्हमेशः ।।२७।।

यदि भवति मिरीखश्चश्मखाने बहोशः सुतधनसुतदारैर्वर्जितः शूरगः स्यात्।
नसनयमुतफक्किर्हीनशक्तिर्वदर्दः खलजनसमबुद्धिर्मानिवः कर्ज-दारः ।।२८।।

जरशतुरजवाहिर्रत्नतम्बूकनातैः सहजविमति रोगैर्संयुतैः संयुतश्च।
यदि भवति मिरीखः खूबरो वा मुखैइलवजर फितरसंज्ञः स्याद्
बिरादर्गृहे ना ।।२९।।

पदकरजयतविराट्नोतनूत्थं सुखं च समरधरधरायां धैर्यथुन्धी-धनीनः।
खरयुशनक बेदर्द कर्जमन्दो हमेशः प्रभवति च मिरीखो दोस्तखाने नरश्चेत् ।।३०।।

कमफहमतदाना अक्लखाने मिरीखः पिशरजरवजीरन्नेस्तदरखानये स्यात्।
अनिलकफजरोगैर्व्याकुलौ बेमुरौवत गुसवर बदक्लश्चोदरव्याधियुक स्यात् ।।३१।।

रिपुजनपरिहन्ता खूबरो हम्ज वा स्याज्जशनजरजलालैर्युङ्महेवान जातः।
यदि भवति मिरीखो मर्जखाने कदर्दान्क्तितक्लजननोखो मातृपक्षे कुठारः ।।३२।।

कमशहबत किरयांवश्चबेरो नहि स्याज्जिहिल जुलुम जंगेर्युङ् न
चाल्पः खमाणे ।
तनुधनगमवेशमस्त्री सुखवाजताऽज्ञो भवति यदि जलादुल्कको
जन्मकाले ।।३३।।

यदि भवति जलादुल्कको मौतखाने सततमहितभाषी गुह्यरुक् स्त्री-
सुखो न ।
मुतफकिरबदामे जौहरी सोथ जख्मी कमफहममनस्स्थाल्लागरो
सृग्विकारैः ।।३४।।

नरपतिकुलमान्यः संलभो बन्दनादौ भवति यदि जलादुल्कको
बख्तखाने ।
परयुवतिरतस्स्यान्मानवो भाग्यवान् वै पुरजसुखसुसिद्धो
हिर्जगर्दश्चलेखः ।।३५।।

पुराफतसरतसंज्ञः काबिलो नेककिर्दानयसमरिह लोके पूजितः
साहसी च ।
मिहिरजरजलालज्जालाजेवर्युतो ना भवति यदि मिरीखः शाहखाने
सखी स्यात् ।।३६।।

जरमखलमर्ज्याजकशी साहिबौभिस्तुरगरथपदात्यैर्युग्जनश्चारिरूणः ।
यदि भवति जलादुल्कको याफ्तिखाने मदनसमरदक्षः पण्डितः
सत्यगन्ता ।।३७।।

यदि भवति मिरीखः खचखाने गतश्च स्वजनहृदयभेत्ताकर्कशैर्निर्वि-
चोभिः ।
महम्महजर्जुलमी शाहिदः वेजार प्राग्जठरदहनदर्पो हमेशः
परीशान् ।।३८।।

इति भौमफलम् ।

अथ बुधफलम

साहबस्सवारो जितखूबरू अमातताहैः साहिबहिम्मतश्च ।
ताले भवेच्चेत् सततं विनीतो दानी चिरं चात्मजसौख्ययुक्
स्यात् ।।३९।।

शीरींसखुन दानिशवर चेत्तवंगरः स्याद्यदि चश्मखाने ।
उतारिदो न स्वजनानुरक्तो भवेद् विनीतः शुभगन्नयति ॥४०॥

मुरौवती साहवदर्दसंज्ञः प्रभूतमित्रः प्रमदाप्रियश्च ।
उतारदश्चेन्नशरो यशीयुं खोनो भवेन्ना खुशरो हमेशः ॥४१॥

पुष्टोऽनपत्योऽथ स वै यथेच्छो दानीश्वरो गीतप्रियः सखी च ।
उतारदः स्याद्यदि दोस्तखाने शीरींसखुन् कार्यगते मृषी च ॥४२॥

सुतान्वितः सुरफिकोऽथ भवेदुतारिदःस्याद्यदि अवलखाने ।
दानाग्रणी साविरसंज्ञकश्च शगुफतरू साहब हिम्मतश्च ॥४३॥

बेरुन्नरः स्यान्नसका विधानोबदखुल्ककः काहिल जाहिलोऽपि ।
रिपुमकाने हि भवेद्दबीरुःकल्को यदा मान्विपक्ष युक्चेत् ॥४४॥

तालेवरः सत्यवचो मुसाहिब जन खूबरू च ।
उतारिदः स्याद्यदि सप्तमे च भवेन्नरः काबिल् बामुरौवत ॥४५॥

उमरदराजः सुतरां सगर्भमेकं पुर पार्थिवलब्धवित्तम् ।
बेरूं विधानं हि नरं प्रकुर्यादुतारिदो मर्ग मकानगश्चेत् ॥४६॥

दानीश्वरः सत्यगुणैरुपेतः खुश्रू गनी धर्मपरस्तवंगरः ।
यदादबीरुल्कलको नशीबखाने भवेत्स प्रथितः शुभंकरश्च ॥४७॥

साहब जलालो मुतमव्वल स्यान्नरेन्द्रमुख्य शुभकर्मकृन्नः ।
शीरीं सखुन्साहबदर्दसंज्ञश्चोतारिदश्चेत्खलु शाहखाने ॥४८॥

तवंगरश्चात्मजसौख्ययुक्स्याद्दाग्रणी भूपप्रियस्सिपाही ।
सर्दारकः पाकदिलो दबीरुल्कल्को यदा याफ्तमकानगस्स्यात् ॥४९॥

नापाज्जनश्चारु गुणैरुपेतो बेतालकः कम्शद्दवर बदर्दः ।
उदारिदः स्याद्यदि खर्च खाने भवेद् विरुपोऽपि गिर्दवर्तः ॥५०॥

इति बुधफलम् ।

अथ गुरुफलम्

मुश्तरी यदि भवेदादि खाने साहिबः खुशदिलो मानुषस्स्यात् ।
आमिलः पुरसखुन सिरदारः कारको हमकवरो महबूबः ।।५१।।

मुश्तरी यदि भवेज्जरखाने बुजुर्गः परमपुण्यमतिस्स्यात् ।
कामिलः कनकसूनुयुतश्च खूबरू हि मनुजो जरदारः ।।५२।।

गाफिलो बहुपराक्रमयुक् स्यान्मानवः परुषवाक् च बखीलः ।
पालको भवति श्रेष्ठजनानां मुश्तरी यदि बिरादरखाने ।।५३।।

अस्पजरजरकशीरथफीलैर्युज्जनः प्रियतमः खलु राज्ञः ।
मुश्तरी यदि भवेद्धि चहारुम्खानये सकल सौख्ययुतः स्यात् ।।५४।।

पंडितः पुरतरुद्द्‌ुद आर्यः पुत्रपौत्रसहितो महबूबः ।
मुश्तरी यदि भवेत्फरजन्दस्यालये न मनुजो जरदारः ।।५५।।

काहिलश्च वहुरोगयुतश्च बदसखुन्बदशक्लः ।
मुश्तरी यदि भवेद्रिपुखाने मातुलादि भव सौख्यविहीनः ।।५६।।

फाजिलः सुखयुतः सुविनीतो हम्जवाक् च रमणीसुखयुक्तः ।
फारसश्च चतुरः कलनःस्यान्मुश्तरी यदि भवेज्जनखाने ।।५७।।

बेदिलः परदेशरतश्च जाहिलः खलु नरः सगदश्च ।
मुश्तरी यदि हि हश्तुमखाने गुस्सवर स किल भवेज्जन मस्तः[1] ।।५८।।

हजरतः खुशपरिजनश्च खूबरू बहुसुखी च मुशीरः ।
आभिलश्च यदि नशीबखाने मुश्तरी प्रविभवेत्खलु यस्य ।।५९।।

पालकी जुल जवाहिरफीलैः संयुतो विविधवस्त्र विशालैः ।
मुश्तरी भवति शाहमकाने साहबः खलु नरो नसरस्स्यात् ।।६०।।

---

१. मुरीद

साबिरः शुभतनुर्जरदारः फारसो बहुपराक्रमयुक् स्यात् ।
काबिलश्च यदि याफ्त मकाने मुश्तरी प्रविभवेत्खुशरू स्यात् ।।६१।।

मुफ्लिसः कमफहम् गतलज्जा बदसखुं च रणभूतलर्चितः ।
काहिलश्च यदि खर्च मकाने मुश्तरी भवति नः बदफेलः ।।६२।।
इति बृहस्पति फलम् ।

अथ शुक्र फलम्

अव्वलखाने जोहरा महबूबं मुकुर्ररं नृपतिम् ।
दानिशमंदं मनुजं जनखूबरू प्रकुरुते ।।६३।।

शीरीसखुन्मनुष्यं जरजेवरजर्कशीशालैः ।
युक् मिहिरो जरखाने जोहरा कुरुते च सद्भजं दक्षम् ।।६४।।

जोहरा भवति विरादरखाने चेन्मानवो जातः ।
जोरावरो हरीशः सालस्यः सानुजस्साश्वः ।।६५।।

ऐयाशः मालदारः नेककारश्च फारसश्चेत्स्यात् ।
जोहरा दोस्तमकाने भवति प्रियवदश्चाढयः ।।६६।।

दानीश्वरो मनुष्यः सुतधनधान्यैश्च संकुलो यस्य ।
जोहरा पंजुमखाने भवति यदा हि महीपतेः प्रीतिः ।।६७।।

यारो न कम्सुहबत बेदर्दो जाहिलो जातः ।
खलु जोहरा कि दुश्मनखाने वै बेदिलो भवति ।।६८।।

साहबदर्दः कुशलः सकलकलासु फारसो ना स्यात् ।
जोहरा हफ्तुमखाने स्त्रीगणर्चितासुरंजको भवति ।।६९।।

मगरूरो बदखुल्कः स्त्रीधनसौख्यैश्च वर्जितो मनुजः ।
हश्तुमखाने जोहरा भवति वितृप्तं मनो न संग्रामे ।।७०।।

नेककारः सुभगः खुशरू दाना च मानवो जोहरा।
बख्तमकाने मुर्तजा नसरश्च मजलिसी भवति स इति ॥७१॥

दिर्राको जरदारः पितृगुरुभक्तश्च काबिलो मनुजः।
जोहरा शाहमकाने भवति मुशीरश्च साहबो वा स्यात् ॥७२॥

जरदारं महबूबं सिरदारं बामुरौवतं मनुजम्।
याफ्तिमकाने जोहरा मईशपुरदिलं कुरुते ॥७३॥

साहबखर्चो बदकारकम सहश्च मानवो ह्युदितः।
बदअक्लः किल जोहरा खर्चमकाने हि गुस्सवरोभवति ॥७४॥

इति शुक्रफलम्

अथ शनिफलम्

ताले यदि स्याज्जुहलो बदअक्लः लागरो मनुजः।
शठकंबरं बेदिलः वाममतिपूर्णः प्रभुर्भवति ॥७५॥

यावागो बदहालः कोता दत्तश्च गुस्सवरो जुहलः।
जरखाने यदि मनुजो नाढ्यः परदेशगश्चापि ॥७६॥

जोरावरो यशीलः खुशदाना च मानवः सभ्यः।
अनुचरवृन्दसमेतो भवति यदा वै बिरादरे जुहलः ॥७७॥

मुत्फक्किरो बहोशः परितप्तो मानसो जुहलः।
मादरखाने यदि स्यात् कमजोरश्च लागरो भवति ॥७८॥

बदअक्लो मुत्फक्किरःसुतसुखरहितश्च काहिलोमनुजः।
जुहलः पंजुमखाने कोताहदेहश्च जाहिलो भवति ॥७९॥

दानीश्वरं जलीलं जनयति मनुजं मुकर्रमं नृपतिम्।
निर्जितवैरिसमूहं दुश्मनखाने स्थितो जुहलः ॥८०॥

बदरू जनः कृशांगः कम्फहमश्च मानवो [illegible]र्जः ।
जानो वा स्याज्जुहलो हफ्तुमखाने यदा भवति ।।८१।।

बीमारश्च हरीसो दगलवाजश्च दोजखी मनुजः ।
जुहलो हश्तुमखाने भवति बखीलः कृपालसो भीरुः ।।८२।।

बख्तबुलन्दः श्रीमान् शीरींस्सखुनश्च मानवो यदि वै ।
जुहलो बख्तमकाने बेतालश्च हि कृपालुरपि भवति ।।८३।।

शाहमकाने जुहलश्चेषु दशाप्ते च मानवः शाहः ।
अथवा भवेन्मुशीरः खुशखुल्कः सुकृती गनी स्नेही ।।८४।।

साहबदर्दो नेकः शीरींसखुनस्तवंगरा ना स्यात् ।
याफ्तमकाने जुहल ईशः साबिरो रिपुहन्ता ।।८५।।

तंगहालो बदफेलः पापासक्तश्च मुफ्लिसो मनुजः ।
जुहल खर्चमकाने भवति हरीसः कृपालुरेव स्यात् ।।८६।।

इति शनिफलम

अथ राहुफलम्

अव्वलखाने यदा रासः खिश्मनाकश्च काहिलः ।
मनुजः स्वार्थकर्त्ता स्याद् भवेद् वेरुत्ब जाहिलः ।।८७।।

किज़र वाहासिद रासो मालखाने मुफ्लिसम् ।
करोति मनुजं वान्यदेशे धनसमन्वितम् ।।८८।।

पाकः शाहबलः स्याद् वै नेकनामो गनी सखी ।
सेयुम्खाने यदा रासः प्रभवेन्मनुजो धनी ।।८९।।

रासश्चहुंस्तखाने स्यात् परीशानो मुसाफिरः ।
नादानोपि च वादी च सौख्यहीनो विपक्षकः ।।९०।।

पिसरखाने स्थितो रास पुत्रसौख्यविवर्जितम्।
बेहोशं दर्द शिकमं नादानं कुरुते नरम् ।।६१।।

म्लेच्छावनीशाद् द्रव्यप्राप्तिर्दिलं च साहबं नरम्।
बद्खानास्थितो रासः करोति रिपुसंक्षयम् ।।६२।।

राहजगदश्च बेतालो गुस्सवरो बदजनो भवेत्।
हश्तमखाने यदा रासः कलही मनुजस्तदा ।।६३।।

हश्तमखाने यदा रासः शरीरी स्यान् मुसाफिरः।
बेदीनः खिश्मनाकः स्याद् बदकारश्च मुफ्लिसः ।।६४।।

बख्तखाने यदा रासः प्रभवेन्मनुजस्तदा।
जवाहिरजरकशीयुक्तः साहबः सौख्यवान्नरः ।।६५।।

रासो बादशाहखाने भवेज्जोरावरो गनी।
विपक्षपक्षरहितो मुईश पुनरुद्‌गतः ।।६६।।

याफ्तखाने भवेद् रासो जायते न हि साहबः।
बेकारश्च कर्जमन्दः कलही मनुजस्तदा ।।६७।।

रासः स्थितो यदा खर्चखाने भवेत्तदा।
कलहप्रिय बेकारः कर्जमन्दश्च मुफ्लिसः ।।६८।।

यस्मिन् भावे फलं यद्धि राहो प्रोक्तम् शुभाशुभम्।
तद्वदेव विजानीयात्तत्रैव शिखिनः फलम् ।।६९।।

इति राहुफलम्

जो शुभाशुभ फल राहु का है वही केतु का जानना चाहिए।

इति ग्रहभावफलम्।

अथ राजयोगाध्यायः प्रारम्भः

यदा माहताबो भवेन्मालखाने मिरीखोऽथवा मुश्तरी बख्तखाने ।
अतारिद् विलग्ने भवेद्बखशपूर्णो भवेद्दानदारोऽथवा बादशाहः ।।१।।

भवेदाफताबो यदा षष्ठखाने पुनर्दैत्यपीरोऽथ केन्द्रे गुरुर्वा ।
सुजातः शुतर्फीलताज्याह्याढ्यो जरीजरजरावस्यदाता चिरायुः ।।२।।

यदा चश्मखोरा भवेद्दस्तिखाने ततो मुश्तरी दोस्तखानेऽथ लग्ने ।
अतारिद्धनस्थो बृहत्साहिबी स्याद्बृहद्रूपमखमलखजाना सुपूर्णः ।।३।।

तृतीये भवेदाफताबस्य पुत्रो यदा माहताबस्य पुत्रो विलग्ने ।
भवेन्मुश्तरी केन्द्रखाने नराणां बृहत्साहिबी तस्य तालेरुज् स्यात् ।।४।।

यदा मुश्तरी पंजखाने मिरीखो यदा बख्तखाने रिपौ आफताबः ।
नरो वा अकूफो भवेत्कुंजरेशो बृदद्रोशनी वाहिनी वारणाढयः ।।५।।

अतारिद्विलग्ने सुखे माहताबो गुरुर्बख्तखाने तमो लाभखाने ।
जहानस्य खूबी भवेन्नेकबख्तः खजानागजाढयो मुलुकसाहिबी स्यात् ।।६।।

यदा देवपीरो भवेद्बख्तखाने पुनर्दैत्यपीरोऽथवा स्वप्नखाने ।
अतारिद्विलग्ने तृतीये मिरीखः शनिर्लाभखाने नरः काबिलः स्यात् ।।७।।

हमलमाहताबो व्यये आफताबो यदा मुश्तरी केन्द्रखाने
त्रिकोणे।
भवेन्मानवो देवतेजस्कराढयो बृहत्साहिबी बक्तखूबी कमालः ।।८।।

खजानागजाढयो भवेल्लश्कराढयो जहानप्रियो मुश्तरी
जायखाने।
मिरीखोऽथ लाभे बुधः पंजखाने शनिः शत्रुखाने नरः काबिलः
स्यात् ।।९।।

कमरकेन्द्रखाने शनिः शत्रुखाने त्रिकोणेऽथवा मुश्तरी
चशमखोरा।
सजातो नरः साबिरः सदगुणज्ञो भवेच्छायरो मालदारोऽथ
खूबी ।।१०।।

मिरीखोऽथवा खेशसम्तौलिखाने गुरुमौंतराशौ जाया
माहताबः।
भवेज्जन्मकाले तदा चश्मखोरो जुलीखप्रहर्ता जहानप्रचंडः ।।११।।

घनस्थे कुमुद्वन्धु षष्ठे रविस्स्यात् सखव्योग्निविच्चेति-
विद्वान्कविश्च।
बृहत्सावरी शालमख्मल्बनानः शतुर्फीलिफान्स तंबूकनातः ।।१२।।

आयु-खाने चशमखोरा मालखाने च मुश्तरी।
राहु जो पैदा मकाने शाह होवै मुलुक का ।।१३।।

यदा मुश्तरी कर्कटे वा कमाने यदा चश्मखोरा जमीवासमाने।
तदा ज्योतिषी क्या लिखे क्या पढ़ेगा हुआ बालका बादशाही
करेगा ।।१४।।

यदा चश्मखोरा भवेल्लग्नखाने तदा मुश्तरी बख्तखाने
विलग्नात्।
जातः शुतुर्फीलताज्याह्याढयो जरीज़रजरी वक्तदाता
चिरायुः ।।१५।।

आफताबो मालखाने यस्य जन्मनि च ध्रुवम् ।
सफल रोजी मुश्किलं पड़ै फांके मुफ्लिसम् ।।१६।।

कर्मविलाघशालये नरो हि बामुरौवतः ।
सदा बली च साविरः सुकर्मकृद्यदा भवेत् ।।१७।।

आयुखाने चश्मखोरा मालखाने च मुश्तरी ।
सवाब बखाने चन्द्रदीदम् बादशाहम्बर्बरी ।।१८।।

हमल् आफताबो बृषे माहताबो यदा मुश्तरी केन्द्रखाने त्रिकोणे ।
भवेन्मानवो दौलतो लश्कराढ्यो बृहत्साहिबी तस्य खूबी कमालः ।।१९।।

हमल् आफताबो वृषे माहताबस्त्रिकोणेऽपि वा मुश्तरी चश्मखोरा ।
जातो नरो राह रासन्गुणज्ञो भवेत्शायरी मानदारोऽति-खूबी ।।२०।।

यदा मुश्तरी कर्कटे वा कमाने झषे खेटपुत्रो वसेत्कारखाने ।
समं बीक्षते खूब खेटाः समस्ता मवेन्मर्दवं दर्दयंतु दयालुः ।।२१।।

यदा भाग्यमालिक भले घर पड़ै कमाकर सुदौलत खजाने भरे ।
करें जां बख्शी अमीगी सुफल वजीरी अमीरी करै बेफिकर ।।२२।।

यदा चश्मखोरा भवेद् हफ्तखाने शशी दोस्तखाने मिरीखोऽथ नक्रे ।
सूरत्कमालो नरो दीनदारो गनीमप्रहंता जहान-प्रचंडः ।।२३।।

जमींजोऽथ नक्रे शनौमौत खाने गुरौ माहराशौ जरे माहताबः ।
भवेज्जन्मकाले नरो वा उदारो गनीमप्रहन्ता जहान-प्रचंड: ।।२४।।

यदा मुश्तरी केन्द्रखाने त्रिकोणे यदा बख्तखाने रिपौ
आफताबः ।
अतारिद्विलग्ने नरो बख्तपूर्णस्तदा दीनदारोऽथवा
बादशाहः ।।२५।।

•

संस्कृत और भाषा काव्य

आनीता नखन्मया तव पुरः श्रीकृष्ण या भूमिका।
व्योमाकाशखखाम्बराब्धि वसुवत त्वत्प्रीतयेऽद्यावधि।।
प्रीतस्त्वं यदि चेन्निरीक्ष्य भगवन् स्वप्रार्थितं देहि मे।
नो चेद् ब्रूहि कदापि मानय पुनस्त्वेतादृशीं भूमिकाम् ।।१।।

हे श्रीकृष्ण आपको प्रसन्न करने के लिए आज तक मैं लाये जाने पर नटों की तरह चौरासी लाख रूप धारण करता रहा। हे परमेश्वर यदि आप इसे देखकर यदि प्रसन्न हुए हों तो मुझे मेरा माँगा प्रदान कीजिए नहीं तो इस प्रकार की भूमिका कभी भी न देने का आदेश दीजिए !

रत्नाकरोऽस्ति सदनं गृहिणी च पदमा।
किं देयमस्ति भवते जगदीश्वराय।।
राधा गृहीत मनसे मनसे च तुभ्यं।
दत्तं मया निजमनस्तदिदं गृहाण।।२।।

हे जगदीश्वर ! रत्नाकर आपका घर है और लक्ष्मी गृहिणी। आपको देने के लिए बचा क्या ? राधा द्वारा धर लिए गये मन वाले तुम्हारे लिए मैं अपना मन—जो मेरे पास है देता हूँ—इसे ग्रहण करें।

अहिल्या पाषाणः प्रकृति पशुरासीतकपि चमू-
गुहो भूच्चाण्डालस्त्रितयमपि नीतं निजपदम।।
अहं चित्तेनाश्मः पशुरपि तवार्चादिकरणे।
क्रियाभिश्चाण्डालो रघुवर न मामुद्धरसि किम् ।।३।।

अहिल्या पत्थर थी बन्दरों की सेना प्रकृति से पशु थी और निषाद जन्म से चांडाल था, परन्तु तीनों को आपने अपने चरणों में शरण दी। मेरा चित्त

पत्थर है, पूजन में पशु समान हूँ और कर्म से चांडाल हूँ ही तब भी हे रघुनाथ मेरा उद्धार क्यों नहीं करते हो।

यद्यात्रया व्यापकता हृता ते,
भिदैकता वाकपरता च स्तुत्या।
ध्यायेन बुद्धेः परतापरेशं
जात्याजता क्षन्तुमितार्हसि त्वम् ।।४।।

यात्रा से व्यापकता, भेद से एकता और स्तुति से वाक्परता नष्ट की। ध्यान करके आपकी बुद्धि से अगम्यता और जाति निश्चित करके आपका अजातिपन नष्ट किया। अतः हे परमेश्वर मेरे इन अपराधों को क्षमा करें।

अच्युत चरण तरङ्गिणी,
शशिशेखर मौलिमालती भाले।
मम तनु वितरण समये,
हग्ता दे या न मे हरिता ।।५।।

भगवान विष्णु के चरणों से प्रवाहित होने वाली और चन्द्रमौलि भगवान शंकर के मस्तक पर मालती की माला की भाँति सुशोभित होनेवाली हे गंगा तू मुझे तारने के समय महादेव बनाना न कि विष्णु (ताकि मैं तुम्हें सिर पर ही धारण करूं)।

एकस्मिन दिवसावसान समये मैं था गया बाग मं।
काचितत्र कुरंगबालनयना, गुल तोड़ती थी खड़ी।।
तां दृष्ट्वानवयौवना शिशमुखी, मैं मोह में जा पड़ा।
नो जीवामि त्वया बिना श्रृणा प्रिये, तू यार कैसे मिले ।।६।।

एक दिन संध्या के समय मैं बाग में गया था। वहां कोई मृग के बच्चे के समान नेत्रों वाली बाग में खड़ी हुई फूल तोड़ रही थी। उस चन्द्रमुखी नवयुवती को देखकर मैं मोहित हो गया (अतः) हे प्रिये सुनो! तुम्हारे बिना मैं कैसे जिऊं। यार तू मिलेगी कैसे।

भर्त्ता प्राचीं गतोमे बहुरि न बगदे, शूं करूँ रे हवे हूँ।
माझी कर्मा चि गोष्ठी, अब पुन शुणसि गाँठ धेलो नइं छे
म्हारी तीरा सुनोरा, खरच बहुत है, ईहरा टावरा रो,
दिट्ठी टैडी दिलोंदी, इश्क अलफिदा, ओडियोबच्चनाडु

मेरे पति पूरब की ओर गये तो लौट कर नहीं आये, अब मैं क्या करूँ। मेरे कर्म में ही दोष है। और फिर यह सुनिये कि गाँठ में एक धेला नहीं है। मुझसे सुनो खर्च अधिक है और परिवार लम्बा है। तुझे देखकर मेरे मन में ऐसा हो रहा है कि मैं प्रेम पर निछावर हो जाऊँ। इस स्थिति में ही किसी ने कहा कि वह आया।

●

शब्दार्थ

अगोट = मेल रहित, फूट, अच्युतचरणतरंगिणी = गंगा, इंदुभाल = चन्द्रमा जिसके मस्तक पर हैं—महादेव, मालति = मालती पुष्प (सफेद फूल होता है), बड़ेन के जोर = बड़ों का सहारा पाकर, पचवत = पचाता है, गुरायसु = बड़ों की आज्ञा, गाढ़े = कठिन, गांस = गाँठ, मिलावट, अरज गरज = स्वार्थ बिनती से नहीं मानता, खुशामद, ढिग = समीप, बरे = बटवृक्ष, बरोह = बरगद से लटकनेवाली जटाएँ जो वृक्ष की जड़ों का काम करती हैं। उरग = सर्प, अथवत = अस्तवत होता है, अघाय = पूर्ण संतुष्ट, तृप्त, अंड = एरंड वृक्ष, बोड़ = पागल होना, ना समझ, दाव = जंगली आग, कमला = लक्ष्मी, धन (स्त्री का नाम विशेष), पुरुष पुरातन = (श्लेष) बूढ़ा व्यक्ति, ब्रह्मा, चंचला = अस्थिर, लक्ष्मी, फजीहत = दुर्दशा, खैचत बाय = साँस लेना, कामरी = कम्बल (खराब कपड़ा), पामड़ी = बारीक कपड़ा (सुन्दर कपड़ा), करुए मुखन = कटुभाषा मुखों को, बंस दिया = वंशदीपक, कातिक में रात्रि को जो बाँस से लटकाया जाता है (२०२०), गुन = गुण, रस्सी, मेख = खूंटा, छीर = दूध, गाँठ = ईख की गाँठ, मनोमालिन्य, मड़ए तर की गाँठ = विवाह मण्डप में बर-वधू के शाश्वत संबंध के प्रतीक के रूप में दोनों के वस्त्रों में गाँठ बाँधी जाती है। दुर्‌यो = छिपाया गया, बापुरो = बेचारा, कूबरो = शारीरिक विकृति, वक्र, दाहे = जलाए हुए, ऊपत = मर्यादाहीन, पत्तोंसहित, कदली = केला, सुपत = मर्यादा युक्त, पत्तों सहित, भुजंग = साँप, बारे = बाल्यावस्था, जलाने पर, बढ़े = बड़े होने पर, बुझने पर, तिय = स्त्री, गारिबो = गिराना, खीस = व्यर्थ, कचपची = तारों का समूह जो रात में दिखायी पड़ता है, गात = शरीर, ओहि ओर = ईश्वर की ओर, कुचित = अनुचित, सुजन = सज्जन, पोहिए = गूँथना, बस = वास, थोथे = खाली, पानी रहित, दादुर = मेढक, मूर्ख, गाढ़े दिन = बुरे समय, अनत = अन्यत्र, पंक = कीचड़, भाय = भाव, मृगया = शिकार, गड़ही को पानि = छोटे गड्ढे का पानी, नाद = ध्वनि, भावी = होनी, पन्नग वेलि = नागवेलि, पान की

लता, परि रहिबो = पड़ा रहना, पसरि = फैलकर, पत्र = पंखुड़ी, झंपहि = छिपाना, सकुचि = पंखुरी बन्द कर लेना, कुल कमल = कमल का वंश पानी और फूल, बरी = बड़ी, पावस = वर्षा ऋतु, देवरा = भूत प्रेत, छोटे देवी देवता, फरजी = पैदल जब वजीर का मोहरा हो जाता है, हहरिकै = गिड़गिड़ा कर, राइ = सरसों से छोटा उसी की भाँति का दाना, खेत = लड़ाई का मैदान, भार = बोझा, उनमान = अनुमान, तौल, परिमाण, अजीम = बड़ा, अररानी = पत्थर गिरने का शब्द, परवान = पत्थर, मनसिज = कामदेव, फल = स्तन, (आकृति साम्य), फूल = कमल की माला, काम जनित आनंद, मति = पृथ्वी, सर पंजर = तारों से आच्छादित कर दिया, वैराट = राजा विराट, अवशेष = अतुल, सफरिन = सफेद छोटी चमकदार मछली, बक = बगुला, बढ़ि काम = महत्त्वपूर्ण कार्य, मुकरि = दिए गए बचन से हटना, व्याल = साँप, मुनिनारी = अहल्या, गुह = केवट, निषादराज, मातंग = चांडाल, मन्दन = नीच पुरुष, मराल = हंस, सरिताल = झील, नवा = झुका हुआ, नमित, दुवौ = दोनों, उवत = उदय होता है, जठर = पेट, गोत = गोत्र, अनखाय = बिना खाए, अकुलाय, कुंज = समूह, झुरमुट, करील = कंटीला वृक्ष, करिया = काला, करि = हाथी, सेस = शेषनाग, अवशिष्ट, धाक = रोब, दबदबा, रीते = खाली होने पर, भूखे, अनरीते = अन्याय, दीठ = बदमाशी करवाता है (बुरी निगाह), लबार = गप्पी, झूठा, आपु = आत्माभिमान, घरिया रहट की = रहट की कटोरियाँ, रीत = खाली, दमामो = नगाड़ा, गथ = कोष, जाके बाप को = मेघ के पिता समुद्र को, कहिगे सरग पताल = उलटा सीधा कह जाना, उखारी = ईख का खेत, रसभरा = ईख के खेत में उगने वाला पौधा, वाहि के दाव = हाँ में हाँ मिलाना, गोम = छिपाकर, अठिलैहै = हँसी करेंगे, सपुरी = जल घड़ी का पात्र, घरियार = घरा, यारी = मित्रता, पैंठा = मार्ग, सिलसिली = चिकनी, पिपीलि = चींटी, भेषज = दवाई, मझाव = पैठाना, मख = यज्ञ, मैन तुरंग = मोम का घोड़ा, गरुए = भारी, बड़री = बड़ी बड़ी, शील = शील, रहिला = चना, परसत = परोसना, तरैयन = तारों को, खोई = खोकर, खर = खली, पौर = ड्योढ़ी, मूकन = मुक्का, ढेकुली = पानी निकालने का साधन विशेष, होरी = होली, विषान = विषाण (सीग) बिसाहियो = व्यवसाय करना, जम के किंकर = यमदूत, रौंल = हुल्लड़, मगरू = मगहर, खद्योत = जुगनू, लसकरी = लश्कर, सेल्ह = भाला, रथकूबर = अक्षिदंड, तुरीय = तुरीयावस्था, परा = श्रेष्ठता,

जोखिता = योगीपन, लटी = बुरी, सर = तीर, पूर = चढ़ाकर, बसात = बिसात, शक्तिभर, तार = ताड़ का पेड़ ।

सोरठा

ताता = जलता हुआ, सीरेपै = ठंढा होने पर, बहरी = शिकारी पक्षी विशेष, तिरे = उतरे, बरु = अच्छा है ।

नगर शोभा

आदिरूप = आदिपुरुष, परमेश्वर, दुति = कांति, रसन = जिह्वा, पाय = चरण, रतिराज = कामदेव, पचि = पचाकर, पाहन = पत्थर, पाती = चिट्ठी, सैन = संकेत, बरुनिवार = पलक के बाल, मसि = स्याही बरइन = तमोलिन, सुनारि = सुनार की स्त्री, सुन्दर स्त्री, रहसनि = गोपनीय खेल, रति क्रीड़ा, पेक = फेरीवाला, गरुवे = भारी, डाँड़ी = तराजू की लकड़ी, मार = कामदेव, घनवा = कपूर, उनहार = समानता, लेज = रस्सी, कौंजरी कुजड़िन, सब्जी बेचने वाली, जेहरि = पैर में पहनने का आभूषण, लोइन = लोचन, कौरी = कुमारी, बैस = आयु, सरवा = सकोरा, मिट्टी का बर्तन, लुहार = रक्त वर्ण, जाति विशेष, ताइके = तप्त करके, गजक = मिष्ठान विशेष, दह्यो = दही, गोरस = इन्द्रिय सुख, मक्खन, कोल = इकरार (जाति विशेष), काछिन = व्यावसायिक जाति, मुरा = मूली, लोका = लौकी, सुरवा = शोरवा, परसो = परोसा हुआ अघात = तृप्त होना, बेलन = कोल्हू की लाट, करुवो = कड़वा, पाटंबर = रेशमी वस्त्र, पटइन = रेशमी वस्त्र बेचने वाली, सात = साथ, फूदी = इजारबंद की गाँठ, फोंदना = झब्बा, गुमान = घमण्ड, कमागरी = कमान बनाने वाली स्त्री, तीरगरन = तीर बनाने वाली स्त्री, सरीकन = सलाख, सिकलीगरनि = हथियार माँजकर चमकाने वाली, ओसेर = उबटन, मुसकला = धातु चमकाने के लिए मसाला रगड़ने का औजार विशेष, सका = शंका, सक्कनि = भिश्तिनि, सरम = शरम, गाँधिनि = इत्र बेचने वाली, चोवा = सुगंधित द्रव्यों का नाम विशेष, आइने अकबरी में इसका उल्लेख है, चिहुरन = बाल, तरकि = झुंझलाना, जार = जाल, इजार = सुथना, सिंगी = योगियों का बाजा विशेष, मुदरा = मुद्रा, माती = मस्त, कंचनी = वेश्या, विभास = विभास नामक राग विशेष, अहेरी = शिकार, पातरी = पतुरिया, कुन्दी = वस्त्र विशेष, मतिमही = मटियाया जल, सवनीगरनि = साबुन बनाने वाली, भूहन = भृकुटि, कुन्दीगरनि = इस्त्री

करने वाली, कोरनि = कपड़ा बुनने वाली जाति विशेष, कुपा = कुप्पा, गुड़ी = पतंग, मसिकरनि = स्याही बनाने वाली, खिन = थोड़ी, चख = आँख, भंगेरिन = भांग बेचने वाली, बोजागरनि = मदिरा बेचने वाली, मत = मति, चीतावनी = चीता पालने वाली, बैसि गरूर = यौवन का गर्व, लाक = कमर, कठिहारिन = लकड़हारिन, शिव वाहन = बैल, कलाव = हाथी के गले की रस्सी, ताव = उत्साह, सखानी = ऊँट चलाने वाली, छागा = भेड़ा, खसी, मुहार = ऊँट की नकेल, नालबंदिनी = घोड़े की नाल बाँधने वाली, नाल = पास, चिरवादारनि = साईस, मूठी = घोड़े के सुम और टखने के बीच का भाग, खीन = पतली, लुगरा = वस्त्र, गदहरा = गधा, अघोरी = उलटा चमड़ा, चूहरी = डोभिन।

बरवै नायिका भेद

विष भैया = चन्द्रमा, रातुल = लाल, हुकरैया = उद्वेगकारी स्मृति, टेसू = पलास, सिख = शिक्षा, ठान = मुद्रा, नखरा, जोइ = देखकर, बरोटवा = आँगन तथा दरवाजे के बीच का भाग, परार = पराए, मीड़हु = दबाना, बरिअइया = जबरदस्ती से, ताकि = ताककर, हिमकर = ठंडा करने वाला, हीव = हृदय, बहु बेरवा = बहुत बार, सहेरवा = संकेत स्थल, उड़िराइ = तारापति, धनिया = स्त्री, बिकरार = बेकरार, जमनिया = रात, भिनुसार = प्रातःकाल, पिरनवाँ = प्राण, गजपाय = गजपाल, धनि = धन्य है, सुठि = सज्जन, निबाहु = निर्वाह, जटिल सुहीर = हीराजटित, उपरेउ = उभरा हुआ, हेरि = देखकर, खुरपिया = खुरपी, छतरिया = छप्पर, सधवा = इच्छा, बनसी भाई = मछली पकड़ने के काँटे की तरह, बझाइ = फँसा लिया, चित सरिया = चित्रशाला, बिजन = पंखा, बिरवना = पान का जोड़ा, उपटनवाँ = उबटन।

बरवै

सिसुस असीस = गणेश, त्यारन = तारने वाले, नागर = चतुर, सुवन समीर = हनुमान, जलजात = कमल तिमिर = अंधकार, बिलात = बिलीन होते हैं, धुरवा = धूमिल बादल, मुरवा = मोर, अंकुरवा = अंकुर, बाम = स्त्री, बीज = विद्युत, अहरात = रात दिन, मया = माया दया, दाब = संयोग, पयान = प्रयाण, उलहे = उपजे, पर तीर = फल का तीर, मरुके = कठिनाई से, मरुतवा = हवा, चबाव = अपयश, कुदाव = घात, जाग = जगत, छितव = पृथ्वी, झरि = दाह, पूठि = पीठ, शिव आगार = शिवालय, चौथमयंग = भादों की चतुर्थी

का चन्द्रमा, जिसे देखने से अपयश लगता है, तिनौ भरि = तृण भर, चवाई = चर्चा (बुरे अर्थ में), तन = तनिक, दुस्तर = कठिन, भवूक = भभका, एकाएक ज्वाला का उठना, दवारि = दावाग्नि, कज = चैन, कलवात = निश्चित बात, निसरे = निकले, व्यावर = पैदा करने की क्रिया, बंसी = मुरली, मछली पकड़ने का कांटा, साखि = गवाही, मीगुजरद् = व्यतीत होता है (फा०), दिलरा = इस दिल को, गर्क = डूबा, अर्ज़ = से, मैं मय, (मदिरा), शुद = तुआ, गीरद = पीये, गद्र = मारा, तपीदा = व्याकुल, मी आयद = आती है, कै गोयम अतबालम पेश निगार = प्रिय से अपना हाल कैसे कहूँ, तनहा = अकेला, आयद = आता है, सिगरी = समस्त, पिछानि = पहचान, सुधाधर = चन्द्रमा, कर में = हाथ में, पयपानि = दूध और पानी, बिलगानि = अलग करना।

मदनाष्टक

निशीथे = आधी रात में, रोशनाई = चमक, बेला = उपाधि, बा = साथ, मेला = बाँधा, सेला = साफा, छेलरा = छैला, छरी = छड़ी, मूँदरी = अँगूठी, दिलदार = प्यारी, कुलफें = दुःख, शशिकला = चाँदनी, जरद = पीला, गुलचमन = फूलों का बाग, श्रुति = कान, विदारे = चीरना, कमनैत = धनुष, सार = चोट, असर, मनमथांगी = कामदेव से पीड़ित।

फुटकर छंद तथा पद

अनियारे = कोरदार, सान = तीक्ष्णता, विषारे = जहरीले, अगाधा = अथाह, बोरे = डूबे, धाइक धनेरे = अनेकों के प्राण लेने वाले, साहिबी = बड़प्पन, तुषार = पाला, कलानिधि = चन्द्रमा, रावरे = आपके, खोरि - खोट, धाँधवे = जलाने के हेतु, गोहन = खिड़की, चितई = देखा, कमनैत = धनुषधारी, दयानक = सुन्दर तीर वर्षा, निसान = तीर का लक्ष्य, बार = देर, गेह = घर, नसिया = विमुख होना, बार = बाहर, अहुरीन = व्याकुल, नाधन = आरम्भ करना, ओट = छिपकर, अदृश्य, राधन = राधना, उबालना, धर = पृथ्वी, खगजासी = नास होगा, खुरसाण = बादशाह, अमर = राजा अमरसिंह, नहचो = निश्चय, तारायन = तारागण, गैन = दिन, काछे = पहिने हुए, पिछौरी = दुपट्टा, साल = शाल, अनुदिन = प्रतिदिन, बानि = स्वभाव।

शृंगार सोरठ

तुरक गुरक = तुर्कों (असुरों) के गुरु शुक्राचार्य, सुरगुरु = वृहस्पति, बिनदेह = अनंग, चातक जातक = पिय शब्द, कर बिहीन = दीपक जिसके हाथ में नहीं है, अरघा = अर्घपात्र, सालिगराम = शालिग्राम की मूर्तियाँ गोली और काली होती है।

खेट कौतुकम

खेट = नक्षत्र, ग्रह, लग्नगः = लग्न में, सम्शः = सूर्य, पण्याराम = वेश्या, चशमखाने = द्वितीय स्थान, आफताब = सूर्य, अक्लखाने = पंचम स्थान, मर्जखाने = छठे भाव में, स्मर = कामदेव, सातवें भाव में, क्षुतृषा = भूख प्यास, लागर = आलसी, वेशखाने = नवमभाव, भाग्य स्थान, खौ = सूर्य, वाजिवृन्दैः = घोड़ों से, या फितरखाने = ग्यारहवें भाव में, लाभस्थान, कमर = चन्द्रमा, गेहगः = अपने घर में यानी कर्क राशि में, मिरीख = मंगल, उतारिदः = बुध, नशीब = भाग्यस्थान यानी नवम भाव में, शाहखाने = दशमभाव में, मुश्तरी = बृहस्पति, जरखाने = धन स्थान यानी द्वितीय भाव में, फरजन्दखलदे = पुत्र स्थान यानी पंचम भाव में, मितिर = शुक्र, पंजुम = पाँचवे भाव में, जोहरा = शुक्र, जरदार = धनी, जुहलो = शनि, दशफते = दसवें भाव में, रासः = राहु, दोस्तखाने = चतुर्थ भाव में, पिसर खाने = पंचम स्थान, चशमखोरा = शुक्र, कमाने = धनु राशि पर, माहताब = चन्द्रमा, जवर्कगार = चन्द्रमा, यकी = बिश्वासी, सैविट् = सन्तुष्ट रहने वाला।

●

आधार ग्रन्थों की सूची

रहीम रत्नाकर—पंडित उमराव सिह त्रिपाठी
रहिमन शतक—पं० सूर्यनारायण दीक्षित
रहिमन विलास—राधाकृष्ण रचित रहीम के दोहों पर कुण्डलियाँ
रहिमन शतक—पं० नवनीत चतुर्वेदी
रहीम रत्नावली—मायाशंकर याज्ञिक
रहिमन विलास—ब्रजरत्नदास
रहिमन विनोद—पं० अयोध्यानाथ शर्मा
रहीम कवितावली—पं० सुरेन्द्रनाथ तिवारी
रहिमन नीति दोहावली—पं० लक्ष्मीनिधि चतुर्वेदी
रहीम—सं० रामनरेश त्रिपाठी
रहिमन शतक—लाला भगवानदीन
रहिमन शतक—ज्ञानभास्कर प्रेस, बाराबंकी
रहिमन शतक—शारदा प्रेस, कानपुर
रहिमन चन्द्रिका—सं० रामनाथ सुमन
रहीम ग्रन्थावली—सं० विद्यानिवास मिश्र
अब्दुलरहीम खानखाना—डॉ० समर बहादुर सिंह

सहायक ग्रन्थ

आइने अकबरी भाग १—ब्लाकमैन (अनु०)
अकबरनामा—वेवरिज (अनु०)
मआसिर-उल-उमरा भाग १—शाहनवाज खान, अनु० बेवरिज संशोधित
सं० डॉ० बेनीप्रसाद
मआसरे रहीमी भाग १, २, ३—अब्दुल बाकी
तबकाते अकबरी—अनु० निजामुद्दीन

तुजुके जहाँगीरी भाग १, २—अनु० रोजर्स
खानखानानामा—मुंशी देवीप्रसाद
अकबरी दरबार भाग १, २, ३—आजाद अनु० रामचन्द्र वर्मा
भारत का इतिहास भाग १ से ८ तक—इलियट एण्ड डाउसन, हिन्दी में अनु० (शिवलाल एण्ड सन्स आगरा)
गंग ग्रन्थावली—डॉ० सरयूप्रसाद अग्रवाल
मतिराम ग्रन्थावली—पं० कृष्णविहारी मिश्र
मुतखाबुत्तवाराख—अनु० बदायूनी
महान मुगल सम्राट्—विसेंट स्मिथ—अनु० राजेन्द्रप्रसाद नागर
अकबर—राहुल सांकृत्यायन
हिन्दी साहित्य का इतिहास—रामचन्द्र शुक्ल
हिन्दी साहित्य का अतीत भाग २—विश्वनाथ प्रसाद मिश्र
मध्ययुगीन संस्कृति की एक झलक—युसुफ हुसैन
थाट्स आन टेन्डस ऑफ कल्चरल कानटैक्ट्स इन मेडिकल इन्डिया—डॉ० जे० एन० सरकार
दि स्टेट एण्ड रेलिजन इन मुगल इन्डिया—डॉ० एम० एल० राय चौधरी
दि कैम्ब्रिज इकोनामिक हिस्ट्री ऑफ इन्डिया—सं० तपनराय चौधरी और इरफान हबीब
सोशल हिस्ट्री ऑव इस्लामिक इन्डिया—मो० याशीन
हिन्दी साहित्य का उद्भव और विकास—हजारीप्रसाद द्विवेदी
प्राचीन भारत के कलात्मक विनोद—हजारीप्रसाद द्विवेदी
मध्यकालीन बोध का स्वरूप—हजारीप्रसाद द्विवेदी
हिन्दुस्तान के निवासियों का जीवन और परिस्थितियाँ—अनु० डॉ० अशरफ
हिन्दी साहित्य पर फारसी का प्रभाव—प० अम्बिका प्रसाद वाजपेयी
मानव सभ्यता का विकास—डॉ० रामविलास शर्मा
भक्ति काव्य और मानव मूल्य—वीरेन्द्र मोहन
भक्ति काव्य की भूमिका—डॉ० प्रेमशंकर
मध्यकालीन भारत भाग १, २—सं० इरफान हबीब
दि इन्डियन हिस्टारिकल रिव्यू—वाल्यूम III नं० २, १९७७
वाल्यूम IV नं० १-२ १९७८-७९